沖縄の不都合な真実 ● 目次

あとがき

王女のための文樂 218

本文中の肩書きは原則的に当時のものとしました

序　章　沖縄はこれからどうなるのか

現実はきわめて複雑である

メディアには沖縄の情報が溢れています。米軍基地問題に関する報道はもちろんのこと、観光や自然や文化を扱った記事や番組も枚挙に暇《いとま》がありません。タレント、芸能人、作家、アーティストなどのなかには、沖縄に移り住んだ人、沖縄に別荘を持つ人もたくさんいます。良くも悪くも、沖縄ほど他地域の人たちから「愛されている」「注目されている」地域はないでしょう。

が、本書には、多くの人が抱く沖縄のイメージとはかなり異なった沖縄が描かれています。一読して、なかには大きなショックを受ける読者もいると思いますが、私たちは沖縄の本当の姿を伝えたいと考え、本書を執筆しました。

本書の中心的なテーマの一つは「米軍基地問題」です。基地問題というと「日本の米軍基地のほとんどが沖縄に集中している。過重な基地負担を軽減しなければ沖縄の人たちが気の毒だ」と考えている人は多いと思います。その象徴が、沖縄本島中部にある普天間基地の辺野古移設問題です。この問題を、一般に伝えられてきた情報に従ってまとめてみるとこうなります。

「米海兵隊の普天間基地は宜野湾市の真ん中にある。人口密集地で軍用ヘリなどが頻繁に発着を繰り返していることから、『世界一危険な基地』ともいわれてきた。その危険性を除去するため、橋本龍太郎首相の強い意向を受けて普天間基地の返還・移設が決まったのは一九九六年のことである。紆余曲折を経て、二〇〇六年には、普天間代替施設を本島北部の名護市辺野古に移設する案が日米政府間で最終的に合意され、移設に反対する県民の声も本土に届くようになった。

二〇〇九年九月に首相に就任する鳩山由紀夫氏が、その年の七月に遊説先の沖縄で『最低でも県外（移設）』と発言し、移設問題は俄《にわか》に紛糾する。『辺野古で決まり』と思っていた多くの県民が鳩山発言に期待を寄せたが、鳩山首相はそれには応えられなかった。その結果、沖縄では、政府に対する失望感が広がり、移設反対運動もこれまでになく激化した。

二〇一三年暮、仲井眞《なかいま》弘多《ひろかず》知事が、県民の反対の声を押し切って移設のための埋め立てを強引に承認すると、知事と同じく保守派の重鎮でありながら、辺野古移設に反対してきた翁長《おなが》雄志《たけし》那覇市長が革新派をも糾合して知事への対決姿勢を強めた。二〇一四年の秋の知事選を、仲井眞・翁長の両候補が激しく争ったことはまだ記憶に新しいところである」

が、このような概略からコトの本質を捉えるのは困難です。多くの沖縄の人たちが、辺野古移設に反対し、政府に対する不信感を抱いていることは事実ですが、事態は報道よりもはるかに錯綜したものです。

たとえば、反対運動が功を奏して、政府が辺野古移設を断念したとします。従来の報道に基づけば、「沖縄の民意」が尊重されたことになります。つまり、「歓迎すべきこと」です。しかしながら、これによって沖縄には明るい未来が訪れることになるのでしょうか？　簡単にシミュレーションをしてみましょう。

①熱心に移設反対運動を展開してきた人たちは、二〇年近い反対運動がようやく実を結んだと喜ぶでしょう。が、当面の目標が達成されたことで、今後の基地反対運動全体は

低調になる怖れはあります。

②移設断念で失望する人たちもいます。まずは普天間基地周辺の住民です。辺野古移設は普天間基地の危険性を除去することが目的でしたが、移設断念によって、新たなる受け入れ先が見つからない限り、基地は固定化されます。軍用ヘリが頻繁に離発着を繰り返す危険性は継続し、騒音被害もなくなりません。

③辺野古区とその周辺の住民の多くも、移設中止に失望することになるでしょう。目立った産業のないこの過疎地域は、これまでも米軍基地と振興資金に依存しながら暮らしてきました。あまり伝えられることはありませんが、辺野古区住民の多数派は移設容認派です。移設を地区再生のきっかけとして期待してきたのです。

④普天間に駐留する海兵隊は、移設に伴う雑事から解放されて、ホッと胸をなで下ろすでしょう。辺野古移設を望んだのは彼らではありません。彼らに当事者意識はまるでないのです。

⑤政府は、次の移設先を見つけなければなりませんが、その動きはおそらくかなり緩慢なものとなります。なぜなら、辺野古で経験したのと同じ長く辛い作業を、あらたに一から始めなければならないからです。

⑥より大きな問題は、政府による沖縄の基地削減・負担軽減のプロセスが停滞することです。普天間返還は負担軽減策の要ですから、移設断念は、普天間基地四八〇ヘクタールの返還が棚上げされるだけではなく、基地返還プログラム全体に少なからぬ影響を与えることになります。移設条件付きで返還が予定されている基地が他にもあるからです。

⑦沖縄以外の日本国民にとっては、辺野古移設工事に伴って発生する三〇〇〇～五〇〇〇億円の財政支出が当面節約されることを意味しますから朗報です。が、移設の地ならしのために政府がこれまでに投入してきた数千億円は無駄になります。

⑧県当局・名護市当局は、移設断念を歓迎しながら、移設の見返りに配分されてきた政府からの振興資金が削減される可能性も生まれますから、しばらくは戦々恐々としなければならないでしょう。

⑨辺野古の自然は、沖合に出没するという数頭のジュゴンと共に手つかずのまま守られますから、これは喜ぶべきことでしょう。

では、沖縄県民全体にとって移設断念はどのような意味を持つのでしょうか。政府を断念に追いこんだことで、無論溜飲を下げる県民もいるでしょう。が、以上のようなシミュレーションを見るかぎり、「幸せになった」とか「自分たちの未来を自分たちの手でつかみとった」とは言い切れません。

はっきりしているのは、これまで伝えられてきた沖縄像からは捉えきれない問題が複雑に絡みあっているということです。本書の役割は、このように複雑に絡みあった「沖縄問題」を解きほぐして明るみに出すことにあります。

「心」「平和」以外の議論を

沖縄問題の本質を解明するなかで、私たちは、政府の沖縄政策を批判すると同時に、基地反対運動・平和運動のあり方にも疑問を投げかけています。が、運動を非難することが目的ではありません。辺野古移設への賛否を問われれば、私たちも移設反対の立場です。しかしながら、彼らとは反対するポイントが異なります。基地反対運動は、「沖縄の心」や「平和への願い」を強調しながら「基地反対・移設反対」を唱えますが、私たちは、辺野古移設は税金の壮大な無駄遣いになる可能性があるがゆえに支持できないのです。

近年の米軍再編計画は、沖縄への海兵隊の展開を見直すかたちで進められています。事実、沖縄の海兵隊は徐々に削減されています。沖縄の海兵隊は、そう遠くない将来に半減するでしょう。再編計画がこのまま進めば、「多額の血税を使って新しい滑走路を造ったはいいが、実際にはあまり使われなかった」という顛末にもなりかねないと危惧しています。

が、反対派はあくまでも「心」と「平和」にこだわります。運動のなかでは「平和を愛する沖縄人の心を踏みにじる好戦的な日本政府」といったようなフレーズが多用されています。これもあまり報道されませんが、基地容認派は「振興策がほしい、振興資金がほしい」と明言しています。反対派は「心」、容認派は「お金」。心とお金の対決では、一般的にいって心に分があります。反対派は純粋だが、容認派は汚れていることになるからです。

沖縄の歴史的経験を踏まえれば、「心」を強調したくなるのはわかります。現に「基地に苦しむ沖縄」の姿に同情して、熱心に反対運動を応援する本土のサポーターもたくさんいます。しかし、現実の沖縄経済は、基地と基地負担の見返りである振興資金に支えられています。基地がなくなり、振興資金がなくなれば、いくら観光業が頑張ったとしても沖縄経済は立ちゆかなくなります。「お金」というと汚く感じますが、誰もがお金なくして生きられないことも事実です。かといって、振興資金に依存する状態をこのまま永続することは困難です。基地問題は、安保・歴史・基地負担・財政・経済の要素が複合する問題として、多角的・重層的に分析しないと本当の姿を現さないのが現実ですが、「心」を前面に押し出すことによって、その現実が見えにくくなっています。

辺野古移設問題は、より大きな沖縄問題の一部に過ぎない、と私たちは考えています。日本政府と米軍基地を槍玉《やりだま》に挙げれば、それで済まされるような話ではありません。基地の見返りとして沖縄に配分されている巨額の振興資金も含めて、「公」や「権威」に依存して自立への道を自ら封じている保守的な沖縄の体制と、その体制を事実上支えている日本政府の姿勢が問題なのです。ここでいう「保守的な体制」とは保守系政治家や財界人だけを指すのではありません。基地反対派の大部分もこの体制を支えているのです。基地容認派と反対派は、むしろ共存共栄の関係にあるといってもいいでしょう。

基地負担の見返りに投入されている振興資金は、保革を問わず沖縄では大歓迎されます。振興資金は、基盤の脆弱な沖縄経済を支える屋台骨だと考えられているからです。辺野古のある本島北部にも莫大な振興資金が投入されてきました。が、振興資金も特効薬ではありません。一過性の、麻薬のようなもので、それがなければたちまち痛みが出てきます。病巣は放置されたままです。振興資金は、一部の人たちを利するだけで県民全体には浸透しないという問題も抱えています。復帰以来、一一兆円という巨額の振興資金が投じられてきましたが、全国最高の失業率と全国最低の一人当たり県民所得、そして全国でいちばん深刻な所得格差は一向に改善しません。沖縄にとって最大の問題である「貧困」は、辺野古移設問題の陰に隠れて、表に出てくることさえ稀です。

私たちが本書で取り上げているのは、以上のような沖縄の抱える病巣であり、病因です。辺野古移設問題を「善良な県民の総意を無視して強引に移設を進める政府の悪行」といったシンプルな勧善懲悪の視点から捉えるのを好むジャーナリズムが、ほとんど触れてこなかったことばかりです。「日本 vs.沖縄」「悪 vs.善」「加害者 vs.被害者」といった見方で解くことができるのであれば、問題はとうの昔に決着していたでしょう。悪は時として善に転じ、善は時として悪に転じるというのが現実です。両者のあいだに線を引きながら沖縄問題を伝える作業など何の意味もありません。今や問題は錯綜するばかりで、一筋の光明を見るのも難しいところまで追いこまれているように見えます。

私たちが本書でいちばん強調したいのは、先にも触れたように、沖縄には、自分たちの現状を変えたくないという、真の意味で保守的な社会集団が存在するということです。「基地には反対だが、基地の見返りである振興資金に依存する公主導・官主導の経済はこのまま続けたい」という集団です。本書では、彼らを沖縄の「支配階級」「エスタブリッシュメント」「旧体制」というふうに呼んでいますが、この集団には政治的保守派と革新派の双方が含まれています。

「総意」とは何なのか

この集団の指導者である沖縄の政治家は、保革を問わず「県民の総意」「県民の悲願」という言葉を好んで使います。が、沖縄以外の知事や国会議員が、「総意」や「悲願」という言葉を使った事例はあまり記憶にありません。よほどの非常時でなければ使いにくい言葉です。都知事が「東京都民の総意」などと発言したら、多くの都民は大きな反発を覚えて都知事を非難することでしょう。

ところが、沖縄の政治家にとって「総意」や「悲願」は当たり前の言葉となっているのです。「沖縄はいつも非常時だ」あるいは「沖縄は特別だ」と考えているからこそ、そうした言葉の使用が日常化しているかもしれませんが、人口数百人・数千人のコミュニティの長ならいざ知らず、一四〇万もの人口を抱える自治体の指導者が迂闊に使う言葉ではありません。二〇一四年一一月の知事選挙に際しても、政治家のみならず、沖縄の識者までが、「知事選で県民の総意と決意を示そう」「県民一丸となって選挙に臨もう」と発言するのをたびたび耳にしました。彼らにとって、この知事選は戦争に匹敵する非常時なのかと驚きました。指導者が危機感や責任感を持って県民を誘導したいという気持ちは尊重したいと思いますが、「県民が一つにまとまること」がそんなに重要なのだろうか、と疑問に思いました。

ちなみに、直近の選挙で示された「民意」を見てみると、前出の知事選では、辺野古移設に明確に反対を唱えた候補（翁長氏と喜納昌吉氏）の合計得票は三六万八六四一票で得票率五二・七三パーセント、容認派と見なされる候補（仲井眞氏と下地幹郎氏）の合計得票は三三万五二三票で得票率四七・二七パーセントでした。比例代表も含めて沖縄からの候補者九名全員が当選した同年一二月の衆院選では、反対派候補（立場を変えた下地氏を含む）の合計得票は三三万八三八一票で得票率五九・四六パーセント、容認派候補の合計得票は二三万七二二六票で得票率四〇・五四パーセント。これらの数字を見る限り、「沖縄は一つ」とは言い難いのではないでしょうか。

民主主義では、相互に対立する多様な意見を議会などの場で調整・集約しながら前に進むことが求められます。雌雄を決するのではなく、ある種の均衡点に落としどころを見いだすのが穏当なやり方です。強引に一つの結論にまとめるというよりは、多様な意見に配慮しながら次善の策を練るというべきでしょうか。もちろん、現代の民主主義も万全とはいえませんが、沖縄における「総意」「悲願」「一丸」といった言葉の使用は、民主主義の対極にある「異論は許さない」という、旧時代の風潮を意識させます。「一億玉砕」「一億一心」「進め一億火の玉だ」などといった戦時中の標語を想いだす、とまでいったら言い過ぎでしょうが、何か釈然としないものを感じてしまいます。

沖縄ナショナリズム

私たちは、沖縄のこうした風潮を「沖縄ナショナリズム」の表れだと考えています。ナショナリズムは沖縄にかぎらず、どこにでも見て取れるものですが、ときとして民族や国家の対立を煽り、人々を戦争に駆り立てる動因となってきました。日本の歴史的経験や、近年の東欧、中東、アフリカなどにおける不幸な事態を引き合いに出すまでもなく、ナショナリズムが、宗教対立と並んで世界が超克すべき課題であることははっきりしています。容易に超克できない課題であることも確かですが、超克のための努力を重ねる価値はあります。

時計の針を戻すかのような沖縄のナショナリズムと、そのナショナリズムの発信元である、保革同舟の支配階層の存在を明らかにすることこそ、実は本書の最大のテーマとなっています。私たちは沖縄をある種の身分制社会と捉え、基地問題そのものよりも、沖縄のこうした現状を自覚し、そこから脱却する道を探ることこそ、沖縄の未来を、ひいては日本全体の未来を、明るく照らし出すことになると考えています。基地問題は沖縄の抱える問題を象徴はしていますが、問題の根っ子はそこにはありません。

翁長知事当選の示すもの

二〇一四年一一月の知事選では、図らずも沖縄のこうした実態があぶり出されました。長く蜜月関係にあった沖縄保守本流の現職知事・仲井眞候補と現職那覇市長だった翁長氏が袂を分かって闘い、「オール沖縄」のかけ声の下に革新勢力をも糾合した翁長氏が当選した、というのはまさに沖縄ナショナリズムの高揚がもたらした帰結です。

「沖縄 vs.日本」という構図を巧みにつくりだした翁長候補に軍配が上がり、辺野古埋め立てを承認して「日本」との闘いに終止符を打ってしまった仲井眞候補は惨敗しましたが、その背景には、「米軍基地反対」「辺野古移設反対」を掲げて日本政府と対峙してきた沖縄の革新勢力が弱体化し、沖縄振興資金を政府から獲得する際の「圧力」が低下しつつあるという、保守の側の現状認識があったと考えてよいと思います。

保守本流の翁長候補が「辺野古移設反対」を強硬に主張したのは、革新退潮の穴埋めを自ら進んで実践したことを意味します。「革新が政府に対峙し、保守が政府と交渉する」という阿吽《あうん》の分業関係が崩れ、保守内部で対峙と交渉というふたつの役割を同時に引き受けなければならない時代に入ったということでしょう。

その意味では、沖縄にとってたしかに転換期ですが、選挙戦そのものの実態は、沖縄内外の多くの識者が唱えたような「沖縄vs.日本という天下分け目の闘い」などではなく、従来の沖縄の選挙同様、「カネと権力」をめぐる覇権争いに終始しました。仲井眞氏と翁長氏が対立した背景にはなお謎が残されますが、はっきりしているのは基地政策をめぐる対立ではけっしてないということです。利権の調整や個人的な問題が絡んでいると見るのが自然でしょう。この知事選における「保保対決」が、辺野古移設をめぐるスタンスの違いによって引き起こされた、と考えるメディアや識者の論調は、その点でまったく的外れです。日本政府を相手にした振興資金をめぐる駆け引きにおいて、沖縄の「支配階級」は選挙が終わった今も「一丸」です。その最大の武器になっているのが、

「沖縄ナショナリズム」という思潮や「日本の沖縄に対する構造的差別」という主張です。この点を見誤ると、沖縄問題の本質は見えてきません。

この選挙に出馬して八〇〇〇票弱の得票に甘んじた元民主党参議院議員で歌手の喜納昌吉氏は、筆者による選挙後のインタビューに応えて「沖縄県民vs.琉球民族の闘いだと思って臨んだ」と述べています。この場合の「沖縄県民」とは、沖縄ナショナリズムを掲げながら補助金獲得に走る支配構造に組み込まれた人々、「琉球民族」とは、自立の志向を持った、沖縄の支配構造から自由な人々というほどの意味で、喜納氏は、自ら「琉球民族の代表」としてこの支配構造に風穴を開けるつもりだった、と振り返っていました。喜納氏は、「辺野古埋立承認取消」をスローガンに闘いましたが、彼が問題にしたのは、実は辺野古移設そのものではなく、本書で示したような、辺野古移設問題の背景にある沖縄の病巣であり、一握りの「支配階級」が操る沖縄の実態でした。結果的に、彼の主張は「沖縄県民」には浸透しませんでしたが、喜納氏のように問題の本質を自覚する人々の存在は、沖縄の未来にとって少なからぬ意義を持つことになるでしょう。

この選挙戦であらためて浮上した問題にも触れないわけにはいきません。それは、沖縄ナショナリズムの高揚にともない、従来あまり見られなかった沖縄に対するヘイトスピーチが想像以上の規模に膨らんでいる、ということです。沖縄に対する罵詈雑言ともいえる書き込みがネット上に氾濫していることもその証ですが、選挙戦では、右翼団体が堂々と沖縄に乗りこみ、辺野古移設反対の運動などに対して汚い言葉を浴びせかけるという場面すら見かけました。

私たちが「沖縄 vs.日本」という見かけ上の政治的構図にとらわれているあいだに、もっと深刻で陰惨な「沖縄ナショナリズム vs.日本ナショナリズム」という事態が生じつつあるのです。

私たちがもっとも怖れるのは、こうした偏狭で排他的なナショナリズム同士の対立と、それによってもたらされる人々の分断、人心の荒廃です。沖縄の「支配階級」が、振興資金獲得のための政治的用具として沖縄ナショナリズムを利用し続け、日本政府がその要求を受け入れ続ける限り、こうしたあらたなる分断が現実のものとなるかもしれません。私たちは本書を通じて沖縄問題の本質を解き明かすと同時に、人々の人権や自由を侵害しかねないこうした傾向にも強い警鐘を鳴らしたつもりです。

本書は、大久保と篠原の二人による共著です。大久保は、日本経済新聞の那覇支局長として沖縄と直に向き合い、篠原は、大学研究者あるいは評論家として沖縄に関わってきました。二人は長年にわたり、沖縄の問題についてディスカッションを重ねてきましたが、最終的には先に触れたような認識を共有するに至りました。辺野古移設問題や安全保障などに対するスタンスについては、二人のあいだに微妙な違いはあります。しかしながら、沖縄の政治、社会、経済に対する認識はほぼ完全に一致しています。

全九章のうち、第一章、第二章、第四章、第六章の四章を大久保が、他の五章を篠原が執筆しています。

沖縄問題の行く末は、まだまだ不透明です。が、本書で指摘したような沖縄の病巣が取り除かれれば、より民主的で、より公平で、より活気のある新しい沖縄が生まれると私たちは考えています。何よりも大切なのは、問題が何かを的確に捉え、可能な限り合理的に行動しながら問題解決にあたることです。旧時代の残骸を引き摺りながら「沖縄の心」を強調するようなやり方では未来は見えてきません。

篠原　章

第一章　普天間問題の何が問題なのか

普天間問題とは何か

現在、「沖縄問題」という時に多くの人が連想するのは、米海兵隊の普天間基地の移設問題でしょう。

日米政府が合意して進めようとしているのは、普天間を半分以下の面積にして海兵隊基地キャンプシュワブ内の辺野古崎《へのこざき》に移し一部を埋め立てて飛行場を建設する案です。

この普天間と並んで沖縄で話題になるのが本島の北部、東村《ひがしそん》にある高江《たかえ》地区の問題です。高江問題とは、沖縄最大の米軍基地である海兵隊の北部訓練場を半分に減らすため、返還予定となっている北半分のヘリパッド（駐機場）を南側の高江地区に集約する工事のことです。

普天間問題も高江問題も海兵隊基地を減らすプランですが、その過程で生まれる部分的な負担増が問題視されています。基地反対派の主張は「トータルで基地面積が減っても、一部でも新たな負担が増えてはダメだ」ということです。

一方、沖縄には辺野古移設を容認する人たちもいます。彼らは「沖縄経済にとって、基地関連収入と基地の見返りの振興策は不可欠だから、普天間の危険性除去のためにも移設を受け入れるべきだ」と考えています。

この移設反対派と容認派の議論には、とても大事な事実が抜け落ちています。それは国民の税負担の問題です。現在、沖縄に多くの基地があることの見返りとして特別な法律で沖縄の振興が国に義務付けられています。沖縄の基地を減らせば減らすほど、特別な振興予算もガソリンや泡盛の特別な減税措置も大幅に減らせます。沖縄振興だけのために一〇〇〇人の職員がいる内閣府沖縄総合事務局も、沖縄振興のためだけの銀行である沖縄振興開発金融公庫もなくせます。その分、国民の税負担は減ります。

加えて、普天間の辺野古移設のように反対運動を招く基地縮小策は、結果的に国民の税負担を増やしてしまうのです。実際に日本政府は反対運動を抑えるために、沖縄振興予算を増額しました。せっかく基地面積は減るのに税負担が増えるのです。

さらに借地料の問題があります。沖縄にある米軍基地の年間借地料は計約八一一億円です。このすべてが税金で賄われています。一方、本土のほとんどの基地は国有地なので、借地料がいりません。仮に沖縄から本土への基地移設が実現すれば、それだけで借地料は大幅に減ります。継続的に沖縄に投入している税金の合計は年間二〇〇〇億円以上減らせるでしょう。その分、医療や福祉、教育のために税金を使えます。沖縄の騒音や事故や事件が激減し、国民全員の利益になります。

実は、普天間を使っている海兵隊は辺野古崎への移設をとても嫌がっています。日米両政府間で合意した案だから両政府は「辺野古がいい」と言いますが、普天間の海兵隊員は「勘弁してくれ」と思っています。彼らにとっては、普天間を現状のまま使えるのがベストです。

理由はいくつもありますが、そもそも普天間の移設は一九九五年の少女強姦事件をきっかけに日本が米国にお願いして、米軍は仕方なく飲んだ案です。もともと米軍再編とは関係ない国内政治問題でした。自民党政権下で普天間問題のブレーンを務め、民主党政権下で防衛大臣だった森本敏氏は移設先について「軍事的には沖縄でなくてもいいが、政治的には沖縄が最適だ」と述べました。普天間を辺野古崎に移設することに軍事的意味はありません。普天間は、北部訓練場やキャンプ・シュワブなど県内の海兵隊基地と一体運用をしているため、普天間だけを遠くに移すことを米軍は嫌がります。

加えて、辺野古崎は台風が直撃すれば二〇メートル級の高波が襲う上に、はるかに塩害がひどいのです。海から離れている現在の普天間より気象条件が格段に悪くなり、さらに塩害対策のコストがかさみます。

辺野古には訓練の後に飲む店も遊ぶ場所もほとんどありません。防衛省の幹部は「これが実は最大の問題。兵隊のストレスがたまり、名護市民が犯罪の対象になりかねない」と懸念します。そんなことは海兵隊幹部も望みません。

現在、在沖縄海兵隊の外交政策部次長であるロバート・エルドリッジ氏は、二〇〇七年に那覇市で開かれた沖縄経済同友会の講演会で「海兵隊は辺野古移設を望んでいない。辺野古移設は無理だ」と明言しました。驚くべきことに米政府や米軍は、在沖縄海兵隊の中枢にいるエルドリッジ氏が日米合意に反する発言をしても何ら問題視していません。なぜなら、米軍にとっては普天間を辺野古に移設する必然性がないからです。もし普天間の移設が軍事的に重要なら、返還合意から一八年間も動かない状態を米国が放置するわけがありません。

普天間を巡る利権の構図

これまで普天間基地の九州への移転が何度も模索されてきました。それが実現しなかった理由は、米国側の同意も地元の同意も得られなかっただけではありません。沖縄には県外移設を望む民意だけでなく、望まない民意もあるからです。普天間の県内移設は巨額の公共工事ですから、県外移設はその利権を失うことになります。普天間を巡る利権の構図がどのように生まれたのか。その経緯を見ていきましょう。

一九九六年四月、日経新聞が「普天間基地全面返還に合意」というスクープを掲載しました。この段階では、まだどこに移設するかは決まっていませんでした。ただ普天間基地を全面返還することに日米が合意したというだけです。

移設先探しの日米交渉は当初、外務省主導で進みました。この時の中心人物が、当時北米局審議官だった田中均氏です。普天間返還を含む基地の縮小計画SACO（沖縄に関する特別行動委員会）合意をまとめたのは田中氏です。ところが、この外務省主導の普天間移設は思うように進まず、打開を図るべく新たな指揮官となったのが、二〇〇三年から防衛庁の事務次官を務めた守屋武昌氏です。

沖縄側のキーマンは建設会社、東開発会長の仲泊弘次氏でした。当時、県建設業協会副会長で県防衛協会北部支部長。東村出身のプロゴルファー宮里藍の後援会長でもありました。その大物ぶりは元旦の地元紙に載る企業トップの名刺広告からも窺えます。「謹賀新年」の下に「琉球銀行頭取○○」などと肩書きを伴った名刺広告が並ぶのですが、彼だけは「仲泊弘次」という名前だけなのです。

「守屋さんと仲泊さんは蜜月関係」（名護市議）でした。当初案「辺野古沖二・二キロ」は「反対派の抵抗で頓挫した」ことになっています。しかし、実際の抵抗はごく小規模なものです。火炎瓶が飛び交う成田空港反対闘争を取材した経験で言えば、辺野古程度の抵抗で折れるほど政府はお人好しではないだろうと思います。当時、沖縄県警本部長には「本気度」を確認しましたが、警察庁から「反対派を排除せよ」という指示が出たことはないようでした。私は政府の「やる気のなさ」を確信しました。

むしろ「最大のネックは技術的な問題と費用」（防衛施設庁幹部）でした。辺野古沖の現場海域は水深が数メートルから最大四〇メートルもあります。そんな複雑な海底地形の上に二〇メートルの高波にも耐える滑走路を建設することは「海洋土木の技術を駆使しても難しい」（同）のです。別の技術者は「一兆円かけても安全な飛行場をつくれるかどうか」と不安視していました。一方、当時の稲嶺恵一知事も、沖縄電力の会長だった仲井眞弘多前知事も「ベストの案だ」と言っていました。稲嶺知事は「閣議決定は大変重い。実現できなかったのは国の責任だ」と辺野古沖案が頓挫したことついて国を責めています。それぐらい沖縄政財界にとっては夢のプロジェクトだったのです。

辺野古沖案を断念した守屋氏は「キャンプシュワブ内陸案」を画策し始めました。要するに、反対派が抵抗できないキャンプシュワブの内陸部に移設する案です。これは建設費用が格段に安い埋め立てゼロの案です。

これに対し仲泊氏らは反発しました。東開発グループは埋め立てで潤う砂利会社も持っています。また、政府との交渉にも同行していた当時の末松文信副市長は、設計会社の経営者でもある建設業界関係者です。

地元の人たちが反発した理由を守屋氏は、埋め立て面積が減ったからだと率直に述懐しています。

「私は、沖縄の一部の人々に悪し様にいわれていることは承知している。それは『埋め立て面積が大幅に減る陸上案』をまとめ、その後もたび重なる浅瀬への移動要望を拒み続けたからだと思う」(『中央公論』二〇一〇年一月号)

埋め立てが減る案に建設業関係者が反発するのは当然です。

そして二〇〇五年の六月、仲泊氏は守屋氏に反撃を開始します。埋め立て面積が多い「浅瀬案」という変更案を、防衛協会北部支部長の立場で記者会見して提案したのです。

この浅瀬案を米国も支持します。実は米軍は一九六〇年代から浅瀬案そっくりの設計案を持っていました。仲泊氏は米国総領事にも根回しをします。岸本建男市長も同年九月に「浅瀬案容認」を表明します。

こうして現在の県内移設案の原型が名護市主導でできあがりました。辺野古移設は、守屋氏が環境保護を重視して内陸案を主張し、名護市は埋め立て面積が増える浅瀬案を主張する、奇妙な対立構図になりました。

しかし、名護市と米国が連携する案に、守屋氏が抵抗しても勝ち目はありません。こうして名護市側の主張を受け入れてできあがったのが、滑走路一本の「L字案」と呼ばれる案です。

ところが、これで終わりませんでした。岸本氏の後継の島袋吉和市長は、末松文信副市長を連れて何度も上京し「騒音を減らして欲しい」と額賀福志郎防衛庁長官に重ねて求めました。そして名護市の要望を受けてできあがったのが滑走路を二本にして埋め立て面積を増やす「V字案」という案です。回転翼機主体の基地の離着陸を二本に分けたところで騒音軽減には貢献しません。なぜこれが騒音軽減につながるのか訳がわかりませんが、それでもこのV字案が二〇〇六年に閣議決定され、現在も生きている日米合意案です。

しかしまだ話は終わりません。次に名護市はこのV字を沖合にずらせと要求し始めたのです。これは水深が深い大浦湾の工事が減り、浅瀬の埋め立てが増える案でもあります。大浦湾は桟橋方式という高度な海洋土木技術が必要なので、本土の業者しか受注できません。建設場所が一〇メートルずれるだけで地元企業の受注額は億単位で変わります。移設場所と建設工法は沖縄側にとって決定的に重要なのです。

これに対し名護市内部から反発の声が上がります。東開発のライバルである大手建設、屋部土建が「日米合意案を早く進めよう」という立場で東開発と対立しました。「守屋さんは当然、屋部土建に肩入れして反東開発の勢力を強めようとしました」(名護市の経済団体幹部)。こうして「守屋・屋部蜜月関係」が生まれました。

守屋氏は那覇防衛施設局長に懐刀の佐藤勉氏を送り込みます。佐藤氏は「地元の久辺三区とはがっちりパイプを持っている」と自信を見せていました。躍進著しい屋部土建の支持派は、保守的な東開発派を「沖合移動で埋め立て利権を増やそうとする強欲な連中」という揶揄《やゆ》を込めて「沖出しグループ」と呼んでいました。そして、屋部土建 vs. 東開発の代理戦争的な様相も呈した二〇一〇年一月の名護市長選で、反東開発派が推す稲嶺進市長が誕生します。

県内移設の中心に東開発 vs. 屋部土建の埋め立て利権争いがあることは、名護で話を聞けば多くの人が口にすることです。このカネを巡る県内の内部対立に対し、政府内にある対立構図が外務省と防衛庁の官僚同士の主導権争いです。

この間の経緯について、主導権を守屋氏に奪われた格好の外務省は、「俺たちにできなかった問題を守屋に解決されてたまるか」という思いで見ていました。外務官僚から見ると、当時まだ「庁」だった防衛官僚は格下です。外務省幹部の中には「お手並み拝見と防衛庁を見ていたが、守屋さんがあれだけ辛抱強く沖縄側の要求を飲んだのには感心した」と敵ながら褒める声もあります。しかし、多くの外務官僚は自分たちの手から離れた普天間問題が膠着《こうちゃく》することを内心望んでいたと思います。一方の防衛庁は逆に何としても解決してみせる、という対抗心むき出しでした。東開発と屋部土建の利権争いも、外務省と防衛省のライバル争いもバカバカしいとは思いません。当事者は熱くなるものです。しかし、普天間問題が安全保障問題であるかのように語られる論調はバカバカしいと思います。

なぜ政府は辺野古移設にこだわるのか

辺野古移設が沖縄全体の基地負担の軽減になることに議論の余地はありません。普天間基地の面積が四八〇ヘクタールなのに対して辺野古崎に造る飛行場は半分以下の二一〇ヘクタールです。このうち五〇ヘクタールはシュワブの敷地内で、残る一六〇ヘクタールは辺野古崎周辺の海を埋め立てますが、ここもシュワブの基地海域です。現在も観光客が海水浴をしたり漁民が自由に漁をしたりできる場所ではありません。

また、辺野古崎に新しく基地を作ることで、名護市の市有地や民間の土地を新たに買ったりする必要もありません。なぜなら辺野古崎は岬の先端まですでにキャンプシュワブの基地内だからです。一般の土地を買収して新しい基地を造るわけではありません。辺野古移設が実現すれば、普天間の四八〇ヘクタールは更地になり跡地利用できます。辺野古崎の埋め立てで増える一六〇ヘクタールを足しても合計では三二〇ヘクタール減ることになります。つまり全体では普天間基地の三分の二の面積が減ります。何よりも騒音被害を受ける周辺住民は激減します。

移設先が辺野古になった理由には、この地域は過疎化が進み、基地の誘致運動があったことがあります。辺野古への移設は五〇〇〇億円規模の大公共工事です。この五〇〇〇億円が県内か県外かでは地元の業者の生活が天と地ほども違ってきます。本土の業者は仮に移設先が長崎県でも受注できますが、沖縄の業者は県内移設でないと受注は望めません。

「基地は平穏な生活を壊す」という反対派の主張は誰でもわかりますが、「基地以外に平穏な生活を守るすべがないのだ」という容認派の主張は、過疎地の現状を知らない人にはわかりにくいでしょう。辺野古移設はそれ自体が沖縄への振興策という面がありま す。ところが、今や辺野古移設問題は沖縄の基地反対運動の象徴になり、二〇一四年には反対派の稲嶺進名護市長が再選され、知事選では反対派の翁長雄志前那覇市長が当選しました。一二月の衆院選では四区すべてで反対派候補が勝ちました。普天間の移設は普天間を更地にして沖縄の基地反対派に感謝されることだけが本来の目的なのに、目的から遠ざかっています。怒らせるなど本末転倒もいいところです。

もちろん、そんなことは政府もわかっています。では、なぜ民主党政権も自民党政権も「辺野古移設」にこだわるのでしょうか。最大の理由は、一九九九年（辺野古沖二・二キロ）と二〇〇六年（辺野古崎）の二回にわたって閣議決定した約束だからです。

が、それだけではありません。一八年間、外務省と防衛省と内閣府が膨大な事務手続きを積み重ねても一ミリも動かなかった移設計画を、別の場所でもう一度繰り返すことに抵抗があるのです。沖縄にいた外務省幹部は「これまでと同じ作業を、別の場所でもう一度やり直すなんて考えられない」と言っていました。事務作業だけでなく莫大な税金も注ぎました。

すでに北部振興策と島田懇談会（島田晴雄・慶応大学教授が座長を務めた「沖縄米軍基地所在市町村に関する懇談会」）の事業費だけでも二〇〇〇億円枠のカネが前払いで投入されました。政府としては「ムチを前提にアメを使ったのだから、白紙に戻すわけにはいかない」（防衛省幹部）という理屈になります。

このアメの先行投入こそ政府が辺野古移設にこだわる大きな理由です。白紙にすればムチがなくなるわけですから、沖縄に二〇〇〇億円の返還を求めることになります。しかし、求めないと「税金の無駄遣いだ」と国民から責められる可能性があるからです。

沖縄に「カネを返せ」とは言えない。だから「移設を受け入れてください」とお願いし、振興策を追加して沖縄に妥協させようとしているのが現状です。

振興策は沖縄内部の基地依存を強め、振興策の恩恵を受けられる者と受けられない者の間で地域の分断を招きます。沖縄の海兵隊をそっくり本土に移すことが難しいのであれば、振興策を取引材料にするのではなく、部隊や訓練の本土移転で普天間の危険性を減らし沖縄の負担軽減を着実に進めるというのが合理的なやり方ですが、現実には利権を重視する人が沖縄にも本土にもたくさんいる実態があります。

建設会社の代理戦争だった衆院沖縄一区

二〇一二年一二月の衆院選で有権者がもっとも重視したのは原発でもＴＰＰでもなく景気回復、つまり身近なおカネの問題でした。これは沖縄も同じです。現職大臣の下地《しもじ》幹郎《みきお》・国民新党幹事長が落選したことで全国的に注目されたのが那覇市を含む沖縄一区です。

下地氏は大手建設会社「大米建設《だいよね》」の元副社長です。沖縄県建設業協会の下地米蔵会長は、大米建設の社長であり下地氏の実兄です。この兄弟の父親が大米建設を創業した下地米一氏で、旧平良市（現宮古島市）の元市長です。下地ファミリーの出身地である宮古島市には下地島空港を利用した自衛隊誘致の悲願があります。

一方、この選挙で当選した自民党の國場幸之助《こくば》氏は沖縄最大の建設会社「國場組」の國場幸治元社長の息子です。國場幸一現社長は「國場の一族として応援すべき」と幸之助支持を明言しました。幸一社長は県経済団体会議議長で県防衛協会会長です。「辺野古移設」を米国防総省幹部らに直接訴えています。仲井眞知事のブレーンでもあります。

つまり、沖縄一区には二大建設会社の代理戦争の構図があったのです。政財界の最重要課題は軍事基地でもある那覇空港の沖を埋めて第二滑走路をつくることです。このために、大米建設が有利か、國場組が有利か、という重大な選択だったのです。

選挙後、地元の新聞は以下のようにまとめています。

「県建設産業政策推進連盟は、一区で下地幹郎氏の推薦を決めていた。下地氏の兄である建産連の下地米蔵会長（大米建設社長）は『那覇空港の滑走路増設や公共工事の地元優先発注などで、実績のある下地氏を推すことで一致した』と理由を説明した。ただ、建産連が長年支持してきた自民が政権に戻る期待感から、非自民の下地氏支援への反発が表面化。国場陣営の翁長雄志選対本部長、仲井眞弘多知事も業者への働きかけを強めた。国場陣営幹部は『集会に参加したのは、事実上『反大米グループだ』と解説した」

（沖縄タイムス　二〇一二年一二月一九日付）。

「下地幹郎氏とそりが合わず、選挙のたびに対決姿勢を強めてきた仲井眞弘多知事や翁長雄志那覇市長はまず一区の国場氏に強力にてこ入れした。二人は有力業者に直接連絡し、国場氏支持を呼びかけた。（中略）総じて経済界は『勝ち馬に乗る』（自民党県連幹部）ように自民支持へ傾いていった」（琉球新報　二〇一二年一二月一九日付）。

全国紙はこの選挙について普天間やオスプレイを巡る対立を軸に書きましたが、沖縄の二紙は普天間にもオスプレイにも見事にまったく触れていません。選挙は本音がむき出しになります。那覇空港の拡張とそれにともなう経済効果への期待こそが最大の関心事だったのです。

選挙取材で頼りにしていた宮古毎日新聞の記者は「沖縄の選挙で最も特徴的なのは実利を求め有権者が勝ち馬に乗ることです。候補者のイデオロギーは関係ない。当選した候補を応援した事実だけが大事なんです」とよく言っていました。「勝ち馬は誰か」。それが有権者の関心です。二〇一四年の衆院選の沖縄一区では、翁長知事を応援した共産党の候補が世論調査通りに勝ちました。

振興策というエンドレスゲーム

沖縄は振興策をとても大事に考えます。それを「なんだ、所詮はカネかよ」と突き放すのではなく、「なぜ振興策が大事なのか」「なぜ争点はおカネなのに、基地被害が最大の争点であるかのような言論になってしまうのか」を考えることが大事です。アメとムチの構図は日本のあらゆる自治体にあり、沖縄はその縮図だからです。

二〇一二年の衆院選から一カ月もたたない二〇一三年一月八日、仲井眞知事は官邸に安倍晋三首相を訪ね、沖縄振興予算の満額回答と那覇空港増設の工期短縮を訴えました。知事が上京し首相が対応することは沖縄以外では滅多にありません。

二〇一三年に入って一カ月間の沖縄と政府のやりとりを確認しましょう。

①一月八日、仲井眞知事が安倍首相を訪ね、二〇一三年度の沖縄振興予算三〇四五億円の満額回答と那覇空港増設の工期の七年から五年への短縮を要請

②一二日、山本一太沖縄担当相が上原良幸副知事を訪ね、「首相から『沖縄に足を運び、沖縄の気持ちに寄り添って仕事をしてほしい』と言われている」と伝え、予算の満額維持と那覇空港増設の早期整備を目指す考えを表明

③二三日、山本沖縄担当相が仲井眞知事と那覇市で会談、知事は満額予算と那覇空港の早期整備を重ねて要望

④二七日、県内四一市町村の代表と議員、自治労、沖教組らが上京しオスプレイ配備反対と普天間の県外移設を要請する東京行動。「沖縄差別をやめろ」と銀座をデモ行進

⑤二七日、山本沖縄担当相が前年度比二・二パーセント増となる三〇〇一億円の振興予算を発表

⑥二八日、東京行動の沖縄要請団が安倍首相と小野寺五典防衛相に直訴

⑦二九日の閣議で沖縄振興予算案を三〇〇一億円と決定。那覇空港増設事業は工期を実質五年一〇カ月に短縮し、事業費は八〇億円増の約一九八〇億円に決定。仲井眞知事は「大変厳しい財政状況の中、本県の要望に配慮がなされたと感謝している」と謝意

⑧二九日、グランドプリンス新高輪ホテルで県が「沖縄ナイト・イン東京」を開催。岸田文雄外相や山本沖縄担当相ら一五〇〇人が参加。仲井眞知事は「今日はうれしいことがあった。『したいひゃー』（でかした）という言葉が出る」と重ねて謝意を表明

⑨二月二日、安倍首相が仲井眞知事を訪ね会談。知事は「三〇〇〇億円を超える振興予算をいただき心から感謝する」。安倍首相は普天間の移設について「米国との合意の中

で進めたい」と辺野古移設を進める考えを表明。知事は今後の沖縄振興について「日本の発展のために貢献できる。もうしばらく力添えをいただきたい」と要請

こうした経緯を見ると、一カ月に満たない間に、納税者が払った数千億円の税金が交渉らしい交渉もなく沖縄に流れていく現場の様子がよくわかります。県の幹部は「沖縄の要望は受け入れられた。一〇〇点満点だ」と手放しで喜んでいます。

沖縄では、沖縄振興予算が編成される秋から冬にかけて、政府が予算を減らしにくくなる出来事がよく起きます。二〇一二年度は「オスプレイ反対運動」でした。二〇一一年度はケビン・メア米国務省日本部長による「沖縄はゆすりの名人」発言（本人は否定）への反発が続く中で、沖縄防衛局長による「犯す前に犯すと言いますか」発言（本人は否定）が秋に報じられ、沖縄振興予算は確保されました。いずれもマスコミがオフレコ発言を報じ、「沖縄差別」だと反発が起き、当時者が更迭されました。

そして、二〇一三年のクリスマス。安倍首相は、沖縄の要求を上回る予算を仲井眞知事に伝え、二〇二一年まで毎年度三〇〇〇億円台の予算を確約するプレゼントを沖縄に提示しました。仲井眞知事があまりにも素直に「驚くべき内容」とか「いい正月が迎え

られる」という本音を漏らしたのにはちょっと驚きました。

このやり取りの前に何があったか。自民党本部の「辺野古移設」の方針に逆らって「県外移設」を訴えていた沖縄出身の自民党議員が寝返って党方針に従う姿勢を示しました。離党もせずに党本部と違う方針を平気で叫ぶ人たちがインチキであることは誰でもわかります。にもかかわらず、この寝返りを「苦渋の決断」と評価し、政府は振興予算を大盤振る舞いしました。これまでで最も政府と沖縄の「共犯性」が高い展開です。

民主党も自民党も「沖縄との信頼関係を築く」という目的で振興予算を注ぎます。信頼関係とは何でしょうか。政府側は「これだけ税金をかけているのだから基地問題でも理解を示してくれるだろう」と考えるのは当然です。一方で沖縄側が「予算は基地とは関係ない。基地が減らない以上、振興策をもらう権利がある」と受け止めるのは当然です。そもそも嚙み合っていないので、お互いが納得する着地点がないエンドレスゲームなのです。

このゲームの何が問題かというと、沖縄が金を要求し、政府が応じることで基地の縮小が実現できなくなってしまうことです。沖縄の中には「お金をもらったのだから基地反対を言うのは少し控えよう」という遠慮が生まれ、政府側には「お金をあげたのだから基地縮小の努力はしなくてもいいだろう」という怠慢が生まれるからです。

沖縄と政府のトップ間で交わされるこの手のやりとりを「茶番」だと感じずにやり過ごすことはとても難しいことです。「おねだり」と「ばらまき」。この予定調和な税金のコール&レスポンスと、沖縄から「差別」という批判が日本に向けられていることとは無関係だと言い切ることにも無理があります。でも、本音をわかった上であえて建前だけを書くのが「沖縄報道のたしなみ」なのです。

福岡から選挙取材の応援で沖縄に来てくれた同僚が、「沖縄って、本音と建前があるんじゃなくて、『本音と建前をみんなで演じている』感じですね」としみじみ言ったことがありました。うまい表現だなと感心しました。「振興策が欲しい」という本音のために「基地反対」という建前を主張する、というのが「沖縄の本音と建前」の解説です。しかし、現実には「振興策はいいこと」という行政とマスコミの論調を疑うことなく思考停止し、「振興策をもらい続けるためには基地反対と言い続けなくちゃ」という姿勢を、保守も革新も全員がそれぞれの立場で演じている感じです。

一粒で三度も四度もおいしい普天間カードはフル稼働しました。二〇一四年の知事選は、このカードを使い切ってしまった仲井眞知事を県民が退場させ、「差別だ」と政府批判を繰り返す翁長氏に、チャージしたカードを持たせたように見えました。翁長新知事が「振興策がもっとほしい」と言って「辺野古反対」の主張を曲げる日が来ないかどうか、注意深く見守りたいと思います。沖縄への振興予算は本土のゼネコンやコンサルタント会社や学識者にとっても飯の種です。だから、本音と建前が生む税金の環流装置を政府も使い続けるのです。「本当はカネの話なのに」などと書くと迷惑する人は大勢います。特に本土の利権関係者からは「知ってるよ。知ってるけどみんな本音と建前のたしなみを守ってるんだから余計なこと書くなよ。結局は沖縄のためになるんだから、黙ってろよ」という声が返ってきそうです。

新たな取引材料となる「自衛隊配備」

今後、沖縄の基地問題で国民にとって最も影響が大きくなるのは普天間でも高江でもありません。先島（宮古と八重山）への自衛隊配備です。

沖縄県が初めて自らの将来像として二〇一二年に発表した『沖縄二一世紀ビジョン基本計画』に「離島の条件不利性克服と国益貢献」という言葉が出てきます。「国益貢献」に注目です。「国境離島を含む沖縄の離島地域は、日本の領空、領海、排他的経済水域（ＥＥＺ）の保全など国家的利益の確保に重要な役割を果たしている」と説明しています。同様の論調が琉球新報にもあります。石垣島の産科医不足について書いた社説（二〇一二年一月二六日）に「八重山は国境に面した地域だ。そこで医療体制が崩壊すれば人口流出を招き、コミュニティーの維持、国土保全にも支障を来しかねない」とあります。沖縄は今、「国土保全」をアピールし始めています。

二〇一〇年一二月一七日、政府は新しい「防衛大綱」を発表しました。県が『沖縄二一世紀ビジョン基本計画』を練っていた時期です。大綱は「南西諸島の防衛強化」を打ち出しました。県の「離島の国益貢献」とわかりやすく符合します。その一七日当日に、菅直人首相は沖縄を訪れ仲井眞知事と会談しています。仲井眞知事は何と振興予算の継続を真っ先にお願いし、菅首相は法整備を約束しました。この会談が「一〇〇〇兆円の財政赤字を抱える国」と「自主財源が二五パーセントの県」のトップが交わすお約束のやり取りなのです。アメで普天間問題を懐柔する首相と自らアメを求める知事は完全に利害が一致しています。

注目すべきは、この会談で「離島の防衛強化」の話題が出なかった点です。先島に自衛隊を配備したい政府と誘致したい沖縄は、議論もいらないのでしょう。反対派の抗議もありません。普天間問題とのズレがあまりにも大き過ぎます。米軍基地であろうが自衛隊基地であろうが、「基地負担」が生ずることに変わりはありません。基地負担を理由に基地返還を訴える一方で、基地誘致を求める現実が沖縄にはあります。

二〇一二年四月、石原慎太郎東京都知事が「尖閣諸島を買う」と表明した時、仲井眞知事は「安定性があるという感じ」「自治体が所有する方が望ましい」と歓迎しました。中山義隆石垣市長は「自治体が所有する方が望ましい」と歓迎しました。中国空軍にスクランブルをかける自衛隊那覇基地の重要性についても東京と沖縄で共有しています。これは、那覇空港増設の求めを政府が丸呑みした背景でもあります。

自衛隊配備は「国境の島の新たな痛み」として利権の構図を継続させます。実際に与那国町は迷惑料として一〇億円を政府に要求しています。自衛隊配備は①沖縄戦②米国支配③基地負担に次ぐ、振興策を引き出す第四の取引材料になりえます。さらに第五の材料として、以下に書く海兵隊撤退後の自衛隊配備があります。

「海兵隊の代わりに自衛隊を」でも変わらぬ本土依存

元外務省官僚の佐藤優氏は北海道新聞（二〇一〇年六月五日付夕刊）にこんなことを書いています。

「辺野古への移設を強行すれば、新基地だけでなく、嘉手納基地をはじめとする在沖米軍基地のすべてが住民の敵意に囲まれる。それは抑止力を低下させる。抑止力を装備や兵員だけで測ることはできない。基地が所在する地域の住民感情も抑止力の重要な要素だ。米海兵隊が沖縄県外に移動し、抑止力が決定的に不足するかについては、専門的見地から冷静に検討すればよい。仮に不足するならば、自衛隊による抑止力強化を検討する。『自分の国は自分で守る』というのが国防の大原則だ」

佐藤氏は「右翼であり、国家主義者だ」（『創』二〇〇九年三月号）と自認する人物で、彼の安全保障についての考え方がよくわかる文章です。

①在沖米軍の安定運用が抑止力として重要、②海兵隊が撤退して抑止力が不足した場合は自衛隊の強化を検討する、③自分の国は自分で守る

これらは霞が関の役人にありがちな考え方です。海兵隊の後釜に自衛隊を置くプランは、沖縄の政治家や役人の中にも支持する声があります。

沖縄の中にも「海兵隊は嫌だけど自衛隊ならいい」と考える人は増えています。自衛隊でも基地負担は続きますから見返りの振興策はその場合でも続きます。先島と沖縄島に自衛隊を配備し税金の還流装置を続けようとするこの巨大な計画に比べたら、老朽化

した海兵隊のヘリCH－46の後継機種がオスプレイだという問題は、問題のうちに入りません。にもかかわらず、沖縄の行政とマスコミがオスプレイを大問題視しているのは、沖縄と東京（政府）の連携で進む自衛隊配備から県民や国民の目をそらそうという意図があるのではないか、と見るのはうがちすぎでしょうか。

今後、沖縄の自衛隊誘致運動は、海兵隊の縮小とともに一大勢力に発展する可能性があります。それを担うのが沖縄県防衛協会です。「自衛隊の支援と防衛思想の普及・啓発が目的」の民間組織です。主要役員には前会長を務めた仲井眞氏をはじめ現職、元職の国会議員一〇人のほか、琉球新報の親泊一郎元社長も顧問になっています。

協会がホテルで開く新年会では、まず巨大な日の丸に向かって全員で君が代を歌います。県選出の国会議員、県幹部や県議、有力企業の幹部のほか、陸海空の自衛隊幹部はもちろん、陸海空海兵隊の米四軍の幹部も来ます。これだけ県の政財軍関係者が一堂に集まる会合にもかかわらず、翌日の新聞には記事が載りません。なぜか。沖縄の権力界に根付く親米軍、親自衛隊、親基地の実態から県民や国民の目をそらそうという意図があるのだと私は思います。

税金の還流システム

二〇一三年末に仲井眞知事は辺野古移設を認めました。今でも県外移設を求める声は強くありますが、「県外」となると、五〇〇〇億円の工事を失うことになります。倒産が相次ぐ土建業界の現状を考えれば「県外」とは口にできないはずです。ところが大丈夫なのです。なぜでしょうか。基地の工事とは別の形でお金が落ちるシステムが確立されているからです。「基地反対」の声に政府が配慮して振興策を投じる手法は暗黙の了解になっています。「振興策」のかなりの部分は公共工事ですから、建設業者は潤います。振興策の一部は献金を通じて政治家にも戻ります。普天間問題はこの「税金の還流装置」を動かすカードとして機能しています。

振興策に関係する利権業者にとっては膠着が続くほど都合がいいとすら言えます。普天間問題が膠着している背景にはこうした事情もあります。業者にとっては、普天間問題は問題として継続することに意味があります。

那覇空港増設も沖縄科学技術大学院大学も「基地反対」の成果です。那覇市長時代に翁長知事が巨人軍のキャンプを誘致した沖縄セルラースタジアム那覇の建設費は約七〇億円のうち約五〇億円が防衛予算です。巨人誘致と日本の防衛に何の関係があるのでしょうか。「基地反対」の声がなければこんな防衛予算の支出が政府内で通るわけがありません。基地を誘致すれば税金で建設費用が落ち、反対すれば振興策が税金で落ちます。沖縄の被害者性を利用した税金還流装置が存在しているのです。

「カネを落とせば、沖縄はおさまる」。これが日本政府の沖縄政策の基本です。

そして、沖縄の行政も多かれ少なかれこの政府の沖縄政策を利用して税金に依存してきました。振興策は、納税者の税負担をもたらしますが、本土側の企業には副作用がありません。本土のゼネコンやコンサル会社は振興策で潤い、沖縄利権がなくなれば沖縄以外の公共工事に乗り換えればいい。

しかし、沖縄の企業や行政は振興策依存で自立心が奪われ、沖縄社会は自然破壊や地域の分断といった副作用に苦しむのです。そんな病状が本土復帰から四〇年間も続いたにもかかわらず、あと一〇年、沖縄自ら振興策の継続を望み、それが叶いました。

これによって、沖縄社会は再起が難しい末期症状に入ったと思います。半世紀も薬漬けにされた人が投薬なしに自立することは絶望的に困難です。なぜ、こんなにわかりやすい依存症の弊害に誰も本気で声を上げないのでしょう。

第二章　高まる基地への依存

活発な普天間誘致の動き

東日本大震災から丸二年が過ぎた二〇一三年三月一一日、辺野古海域の漁業権を持つ名護漁業協同組合が臨時総会を開き、普天間基地の辺野古崎移設に伴う沿岸部の埋め立てに同意する決議をしました。賛成八八、反対二でした。県知事が埋め立てを許可する際には名護漁協の同意が必要です。地元の態度を決める、とても重要な決議でした。

県北部に普天間基地を誘致する動きは二〇一一年に活発になりました。過疎が深刻な国頭村《くにがみそん》安波《あは》区が五月に名乗りを上げ、県内移設は辺野古と安波の争奪戦になりました。一〇月には島袋吉和・前名護市長や地元の経済人ら約二〇〇〇人が「北部振興推進・名護大会」を開きました。島袋氏は「基地と経済はリンクしていることを、今日みなさんと確認しようじゃありませんか。基地なくして振興策はありません」と明言しました。公の場で初めて本音を吐露したのです。大城康昌・辺野古区長も登壇し「知事や市長は『県外』と言いますが、振興策は受け入れの見返りとしてリンクさせなければいけません。みなさんと一緒に一括交付金三〇〇〇億円を勝ち取っていきましょう」と公言しました。

海の埋め立てで漁業関係者には振興策とは別に多額の補償金が入ります。移設問題で防衛省からキーマンと目される名護漁協組合長の古波蔵廣氏は、もっとはっきりと言いました。

「辺野古移設に我々海人（ウミンチュ）がなぜ賛同しているかと不思議に思うでしょう。基地の建設場所は軍用地域の中にあって、我々は今も自由に操業できる場所ではありません。新基地建設ではないんです。勘違いしないでください。それなら普天間の危険を早くなくすことに協力した方がいい。政治家に言いたい。島懇事業や北部振興策は普天間移設とリンクしていないというが、それは真っ赤なウソです。理由もなく大事な血税を北部のために流すわけがない。普天間の移設が前提となっているから流れるんです。政治家はもっと素直になって『リンクしている』とはっきり言ってください」

そう締めくくると会場からは喝采が起きました。

基地返還に反対する名護市

北部地域の基地依存は普天間誘致だけではありません。二〇一一年九月二七日の沖縄タイムスに、地味な扱いで驚くべき記事が載りました。同年末に名護市に返される海兵隊基地キャンプハンセン内の山林一六二ヘクタール（東京ドーム三五個分）を継続使用してほしいと、名護市議会が首相や防衛相らに要請したのです。一〇月一二日の琉球新報は、稲嶺進名護市長が田中聡沖縄防衛局長と面談し、返還の延長を求めた事実を書いています。

田中局長は、度重なる名護市側からの継続使用の要求に対し「返さない理由がない」と拒否する構えでした。しかし、稲嶺市長との会談から二カ月後、オフレコを前提としたマスコミとの飲み会の席で普天間移設問題を巡り「犯す前に犯すと言いますか」と発言した（本人は否定）と琉球新報が報じ、更迭されます。その後、「名護市等からの返還見直しの要請を踏まえ、米側と調整しつつ取り扱いを検討中」（沖縄防衛局）となり、事実上、基地の返還は延長されてしまいました（二〇一四年に一部返還）。要するに市の求める通り、「基地を使い続ける」ことになったのです。

沖縄側が「基地を使い続けてほしい」とお願いし、防衛省が「いい加減、基地を返させてほしい」と困惑する。この間の抜けた応酬を、全国紙はほとんど報道していません。この一六二ヘクタールは一九九八年に返還が決まっていたものの、名護市が辺野古移設を容認する見返りとして継続使用を要求し続け、政府は三回も延長していました。なぜ「基地を使い続けてくれたら普天間を受け入れてもいい」という理屈になるのでしょうか。

それは、この軍用地が名護の市有地で、年一億三〇〇〇万円の借地料収入が市に入るからです。さらにこの土地がまたがる喜瀬、幸喜、許田の三つの行政区にそれぞれ三二〇〇万円、一九〇〇万円、二〇〇万円が、「分収金」という名目で支払われています。ハンセンとは別に、キャンプシュワブの借地料から毎年約一億円の分収金が入る許田区のある幹部はこう話します。

「分収金は何に使ってもいい。豊年祭や運動会にも使うが、正月や夏のボーナスといった具合に個人の世帯に一律に分配している区もある。まあ、どこでもやっていることさ」

地主でもない人に借地料が行き渡るのです。これでは基地継続を望むのも無理はありません。

沖縄全基地の借地料は米軍と自衛隊を合わせて年間九〇〇億円以上に上ります。全額が我々の税金です。ハンセンの一六二ヘクタールは、九八年以降は基地として使っていないのに約一七億円の借地料が名護市に注がれました。これほどわかりやすい税金の無駄使いはありません。

嘉手納基地の近くに住むヒジャイこと又吉康隆氏のブログ「沖縄に内なる民主主義はあるか」は、この問題についてこう書いています。

「返還予定の軍用地一六二ヘクタールの跡地利用が困難であることを返還反対の理由にしているが、それはおかしい。その土地は元々利用することができない土地であり、収入ゼロであったのが米軍用地になることで収入が生じたのであり、返還されても元に戻るだけであり名護市が被害を受けるわけではないし、辺野古移設に反対し、防衛省とは対話拒否を貫いている稲嶺市長なら軍用地の返還は歓迎するのが当然である」

基地被害を受ける県民の当然の反応だと思います。

さらに稲嶺氏の政治姿勢については、こう批判しています。

「徹底して基地反対の姿勢を貫いてきた稲嶺市長が基地使用延長を要求するのは矛盾であり、考えられない。（中略）一切政府や米軍に協力しないが金だけはくれといっているのだ。これは乞食の理屈だ。辺野古移設を断固反対している稲嶺市長は目の前のたった一億三〇〇〇万円のお金がほしくて、基地使用延長を防衛省にお願いしている。みっともない話である」

辺野古の分断

稲嶺氏は辺野古を基地移設から守ると言い続けています。では、辺野古の当事者はどう考えているのでしょうか。

「ここでは容認が七〜八割。向こうとは相当温度差がある。辺野古移設の見返りの北部振興策や基地交付金だって八割ぐらいは向こうが使っている。でも、基地の騒音も危険も被害を受けるのはこっちだ。騒音も危険もないところが反対するのはおかしいんじゃないか。だったら向こうへ持っていけということだよ」

辺野古出身の名護市議はこう語ります。「向こう」というのは、人口が多い名護市西海岸の中心部のことです。

名護市は、西の旧名護町と東の辺野古を含む旧久志村などが一九七〇年に合併して誕生しました。合併で名護市の借地料収入が増えたため「辺野古は軍用地料を持って名護に嫁いだ」と言われます。西の中心部は山を隔てて一〇キロも辺野古と離れているので移設による被害はありません。普天間問題で西の人が地元顔することに、東の人は不快感を持っています。「東海岸は差別されている」という「反名護感情」があるのです。

二〇一二年三月には、大城辺野古区長が県防衛協会会長で建設会社最大手の國場組の國場幸一社長とともに訪米し、米国防総省幹部らに辺野古移設を直接要請しています。大城区長は訪米の前日に稲嶺市長を訪ねています。移設反対派が使う辺野古海岸のテント村を撤去するように区民七六三人分の署名を手渡したのです。大城区長は「辺野古区民の八割がテント村撤去に署名した。本当に迷惑している。アメリカには辺野古に移設する気があるのかを確かめに行った。上院での会合では、『今まで辺野古移設に反対する人はたくさん来たけど、賛成する人は初めてだ』と言われた」と話します。

一九六〇年六月一一日の沖縄タイムスに興味深い記事があります。総合地方版トップの「飛躍する名護町政」という記事は、名護町の予算が前年度より八五パーセントも増えたことを伝え、「これは米軍の演習地として賃貸させた町有地に対する一括前払いによるものが大きい」と書いています。「賃借させた」のです。

長年、自治体も個人も基地に依存してきた沖縄で九〇〇億円の既得権益を放棄することがいかに困難か。稲嶺市長が田中防衛局長に頭を下げたハンセンの一件でよくわかります。

現実には、地主は借地料の大幅な値上げを毎年求めています。二〇一一年一一月には、県軍用地等地主連合会が、借地料九〇〇億円を一七八二億円に倍増せよ、というとてつもない要求を国に求める総決起大会を開き話題になりました。本土では、東日本大震災の復興のために増税負担を国民に強いる議論をしている最中の要求だったからです。

沖縄タイムスは「依存の構図」（二〇〇六年）という連載で分収金の根深い問題を取り上げています。東海岸の金武町では、借地料の半分の八億五〇〇〇万円が分収金として区に分配され、農家の自己負担が半額で済む実態を紹介し、「ここで農業できない人はどこにいってもやっていけないよ」という声を象徴的に書いています。これが、沖縄だけで起きる基地問題の本当の怖さです。記事は「大金に頼って生活することが地域にとっていいのか、正直怖くなるときもある」という住民の言葉で終わります。

なぜ「基地を返さないでほしい」という声が出るのか

基地がある沖縄の自治体はみな財政を基地に依存しています。沖縄タイムスの渡辺豪記者が書いた「返還パニック」（二〇〇八年七月三〇日付夕刊）は、沖縄の自治体にとって基地の返還がいかに恐ろしいことかを伝える秀逸な記事です。

「儀間光男浦添市長は、キャンプ・キンザーの跡利用事業費には四〇〇億円必要と説明。うちライフライン整備などで市の負担は少なくとも二一〇億円かかるとの試算を示し、『とてもじゃないが市単独で資金調達できない。民間資金の導入を考えなければ跡利用は実現しない』と嘆息した。儀間市長の言葉で特に印象に残ったのは、嘉手納以南の基地返還で土地の過剰供給による経済的な『返還パニック』が起きる危険性を指摘した点だ。キャンプ・キンザー跡地でも、商業・住宅地として需要が見込まれるのは返還面積の三分の一程度だという」

キンザーは近接する普天間とともに返還が決まっている海兵隊の基地です。国道五八号沿いにあり慶良間諸島を望む海に面した絶好のロケーションです。そんな「真っ先に返してほしい」基地でも、「返還パニック」が起きるリスクに注目したところに渡辺記者の優れた視点があります。キンザーと普天間が消えたら土地の供給過剰が起きて周辺地価は暴落するでしょう。最も利用しやすいキンザーの跡地でも需要が三分の一しかないのが本当だとすると、沖縄の基地依存がさらに強まるのは確実です。

政府が沖縄の基地削減に本気になれない理由の一つがここにあります。基地を減らせば、多くの県民や自治体から恨まれることになるのです。

沖縄では基地が返還される時、必ず返還反対運動が起きます。二〇〇六年に「象のオリ」と呼ばれた楚辺通信所や瀬名波通信施設、読谷補助飛行場などが相次いで返還された読谷村でも、返還の際には「基地を使い続けてください」という看板が掲げられました。同じ年、嘉手納弾薬庫の返還予定地に陸上自衛隊の小銃射撃場を建設する案に反対する東門《とうもん》美津子沖縄市長に対し、地主は「返還後の跡地利用は困難。自衛隊の使用を認めるべきだ。借地料が入らなくなれば死活問題になる」と、継続使用を求めました。

積極的に基地を誘致する動きもあります。宮古島市の下地島には航空機の飛行訓練用に三〇〇〇メートル滑走路を備えた飛行場（下地空港）がすでに存在し、地元では自衛隊の誘致運動がかねてあります。石垣島や与那国島など八重山諸島でも、尖閣問題が起きる前から、人口流出対策や地域振興策として自衛隊を誘致する動きがあります。

こうした基地依存の動きは本土から見ると常軌を逸しているように映ります。しかし、

①基地は私有地や市町村有地が多い、②全産業に占める建設業の割合が日本一高い、③基地の見返りの振興予算や減税策が常態化している——という沖縄固有の理由があるのです。過疎化を食い止める実効的な施策を沖縄の行政が打ち出せないので、辺野古も安波も読谷も宮古も石垣も与那国も地域住民は仕方なく基地に依存します。住民を責めることはできません。

二〇一二年五月九日付の朝日新聞朝刊は沖縄タイムスとの県民への共同調査を掲載しています。「基地は沖縄の経済にどの程度役に立っていると思いますか」の問いに、「大いに役に立っている」が一一パーセント、「ある程度役に立っている」が五一パーセント、「あまり役に立っていない」が二九パーセント、「まったく役に立っていない」が七パーセントです。ざっくりいえば、「基地は必要だし経済的にも役に立っているけど、将来的には減らしてほしい」というのが県民の最大公約数的な気持ち、「オール沖縄の心」だと思います。

今も続く「ギブ・ミー・チョコレート」

沖縄の基地依存は自主財源が三割もない貧弱な県財政と振興策頼みの脆弱な企業体質

だけでなく、米国が培った親米感情にも由来しています。沖縄には経済面と精神面で基地への根深い呪縛があります。

一〇月下旬のハロウィンには数千人規模の周辺住民が米兵からお菓子をもらうため仮装して基地に集まり、ゲートに続く道路は大渋滞になります。用意したお菓子がなくなり、締め出された魔女姿の女子高生やかぼちゃのお面をつけた子供の手を引くお母さんら数百人があきらめきれずに道路に座り込む光景を見た時、私は強いショックを受けました。今も続くこの「ギブ・ミー・チョコレート」状態は決して報道されません。

辺野古の高台の集落は「アップルタウン」と呼ばれますが、辺野古区はホームページに「このまちづくりにおいて多大な協力をしてくれたアップル少佐に因んで『アップル町』と命名されました」と書いています。「基地との交流」というページには、海兵隊員と住民が運動会を楽しむ写真が掲載され「毎年、辺野古区民運動会に一一班として参加するキャンプシュワーブの人たち」という説明があります。

沖縄出身のお笑いコンビ、スリムクラブの「沖縄あるあるネタ」に「彼女はアメ女（あめじょ）だから告白しても無理だよ」というのがあります。「アメ女」というのは米兵と付き合う女性のことです。沖縄には「門中」という男系の子孫を重視する独特の親族関係があります。「トートーメー」という、位牌を長男が引き継ぐ風習もあります。こうした一種の男尊女卑文化を敬遠して米兵に憧れる女性は多くいます。基地に就職するための専門学校もあり、基地は競争率約三〇倍という公務員並みの超人気職場です。

米軍にとって「居心地のいい」沖縄

だから、米国政府ではなく日本政府を攻撃する沖縄の反基地運動は、米国にとっては「一部の騒ぎ」にしか受け止められないのです。ケビン・メア在沖縄米国総領事もそういう認識でした。私も集会と新聞以外で「基地反対」の声を聞いたことはほとんどありません。逆に多くの県民の親米感情の強さを感じる場面にはよく出くわします。せっかく返還された米軍基地の跡地に「アメリカンビレッジ」(北谷町)と名付けてしまいます。沖縄戦で米国と戦った大田昌秀元知事は米兵の捕虜を見た時のことを「私には気の毒にという同情心が先立つだけで、国策的な憎悪や敵愾心などわきようがなかった」と『醜い日本人』(サイマル出版会)で書いています。

このような状況を知っているからこそ、メア総領事は反基地運動を「カブキ」と呼んでいたのでしょう。何だか反対運動と歌舞伎の両方を馬鹿にしたような言い方ですが、大田氏に限らず県民が米国に好意的なのは事実です。

韓国では強い反米感情に押される形で米軍基地が大幅削減され、フィリピンでも巨大な空軍、海軍基地が政府の要請を受けて全面撤退しました。一方、沖縄は親米感情が強い観光リゾートですから米兵にとっては天国です。「居心地がいい」から基地を減らしたくないのです。

外務省の最高幹部が酒の席で「米軍が日本にいる最大の理由はコストが安いからですよ」と当たり前のように言ったことがありました。米国が大好きで借地料も光熱費も払ってあげる日本。これでは「嫌われている」と米軍が思うわけがありません。

かつてラムズフェルド米国防長官は「歓迎されない所に基地は置かない」と言いました。米国は沖縄のことを、「歓迎されない所」だとはまったく思っていないのです。これは東京も同じです。首都に米軍の飛行場があるのは世界で東京（横田）だけです。ワシントンにもありません。「アメリカはきっと守ってくれるはず」という漠然とした絶大な信頼があるからです。

アメリカの戦略的支配からの脱却

総じて沖縄人が基地に寛容なのは借地料に加えて米国の沖縄政策の影響です。米軍が沖縄上陸前の段階に書いた「琉球列島に関する民事ハンドブック」という資料にはこんな記述があります。

「琉球人は粗野な振る舞いから、日本人に『田舎から出てきた貧乏な親戚』と差別されている。潜在的な不和の種は政治的に利用できる」

この方針は戦後、実践されます。沖縄を二七年間直接支配した米軍は「守礼の光」といった雑誌を家庭に無料で配る宣撫工作を進めますが、その中で「琉球」「琉球人」という言葉を多用して、本土と沖縄は違うという意識の植え付けをします。高等弁務官という軍人の最高権力者の下に「琉球民政府」が置かれ、中央銀行は「琉球銀行」、議会は「琉球立法院」と呼ばれました。「琉球大学」は米国主導でつくられ、創立記念日はリンカーンの誕生日です。日本の国立大学の創立記念日が、米国大統領の誕生日なのです。

米国が「琉球」を意識的に使った結果、琉球処分から終戦まで六五年間も「沖縄県」だったにもかかわらず沖縄では「琉球」が復活しました。「琉球」は今も社名や商品名で好んで使われますが、「沖縄」より一流感、老舗《しにせ》感が強いようです。米兵が「胡屋《ごや》」「古謝《こじゃ》」を誤読して定着した「コザ」（現沖縄市）が好まれるのも、米国の上手《じょうず》な沖縄支配の名残でしょう。

米国は沖縄の不満が反米に向かわないように親米感情を育て、沖縄と本土を分断させ、反基地感情が反日感情に向かうように丁寧に宣撫しました。宣撫工作や良き隣人政策が沖縄ほど上手に行われた自治体はほかにありませんから、反日・親米感情が強いのは当然です。

そして、沖縄に根付く反日右翼的な姿勢を考える時、米国防総省の全面支援による留学体験で親米知識人の養成が行われ、現在も続く沖縄の支配階級が事実上、米国の指導で形成された点は極めて重要です。反戦を反日に転換させる構図に最も効果を発揮したのが、米国に学んだゴールデンゲイターと呼ばれる人たちです。米国は戦後、沖縄の優秀な若者を次々とゴールデンゲートブリッジ（金門橋）をくぐらせて米国民主主義の洗礼を受けさせました。別名「米留組」と呼ばれる親米エリートのゴールデンゲイターたちは、米軍幹部らと交流を深める「金門クラブ」を那覇（現在のＡＮＡクラウンプラザホテル沖縄ハーバービューがある場所）につくりました。金門クラブは沖縄を解き明かすカギです。ともに社民党の国会議員だった大田昌秀元知事と東門美津子沖縄市長も米留組です。

一見「反戦」に見える沖縄の声の本質は「反日」です。その結果、本土と沖縄が分断され、基地問題が内政問題化してきました。そのことは、在日米軍の安定運用を図る米国の狙いとピタリと重なっています。

被差別意識が「反日」に向かうように県民の「沖縄ナショナリズム」を上手に利用し、反戦・平和思想を弱めたのが米国の沖縄政策の本質だと思います。普天間を含む沖縄の海兵隊基地が具体的に日本の安全保障にどう役に立っているのか（あるいはいないのか）という本質的な議論を封じ、被害者意識が米国批判に向かわないように基地負担平等論として内政問題化させる。ともに米国の戦争被害者・基地被害者である日本人同士が「差別した、された」と対立している普天間問題の現状を見ると、私たちは今も米国の支配下にあることがよくわかります。

軍事基地の八三パーセントは本土にある

もちろん、基地負担を巡る本土と沖縄の対立の背景に米国の戦略的な分断政策があるからといって、深刻な基地被害から目をそらすべきではありません。基地負担は極力平等にすべきです。そこで、もう少し基地被害について考えてみましょう。米軍基地の割合は本土七七パーセント（七八九平方キロメートル）、沖縄二三パーセント（二三二平方キロメートル）です。本土には沖縄の三・四倍の米軍基地があります。自衛隊専用基地の割合は本土九九パーセント（三六八平方キロメートル）、沖縄一パーセント（三平方キロメートル）です。日米を合わせた軍事基地全体の割合は本土八三パーセント（一一五七平方キロメートル）、沖縄一七パーセント（二三五平方キロメートル）です。

米軍基地のうち米軍専用基地に限ると、本土二六パーセント（七九平方キロメートル）、沖縄七四パーセント（二二八平方キロメートル）という割合になりますが、騒音被害や墜落事故の可能性は米軍と自衛隊で大きな差があるわけではないので、米軍が多いからといって被害が大きいとは言えません。

沖縄の軍事基地の集中度は一七パーセントです。普天間移設など日米合意を実行すれば三パーセント減り、本土八六パーセント、沖縄一四パーセントになります。

それでも一つの県の負担として大きいのは事実ですから、この一四パーセントをどこまで減らせるかが、今後の課題です。仮に在沖海兵隊が撤退すれば本土九五パーセント、沖縄五パーセント程度になります。県に占める面積比では一〇・二パーセントから二・六パーセントまで減ります。それでも二位の静岡（一・二パーセント）の倍以上で一位のままです。ですが、まずはこの本土比五パーセント、県面積比二・六パーセントを日本全体の目標にすべきではないでしょうか。

沖縄の新聞では「本土では普段の生活でほとんど見ることもない基地が沖縄では都市部や住宅地にまで接し」（沖縄タイムス「視点」二〇一三年一月二七日）などと、本土より基地が多いかのような表現をよく見ます。しかし、これを書いた記者には沖縄以上の住宅密集地に米軍飛行場がある本土の普段の生活を是非、見てほしいと思います。そうすれば、なぜ日本一危険な米軍基地が、実は普天間ではなく神奈川県の厚木だと言われているのかがわかるはずです。

都心も例外ではありません。六本木ヒルズからわずか三〇〇メートルほどの場所に米軍基地があることを知る沖縄の記者は少ないでしょう。通称「麻布米軍ヘリ基地」（赤坂プレスセンター）と呼ばれるこの基地では一日三回程度、定期便のヘリが離着陸し、深夜や早朝にも住宅密集地の真上を飛びます。東京都や港区は米国に返還を求めていますが、未だに実現していません。

松本清張の『ゼロの焦点』は、米軍立川基地の米兵相手の、当時パンパンと呼ばれた売春婦が後に北陸で女性のリーダーとして社会進出した際、警視庁立川署の顔見知りの元警察官と偶然再会し、自分の過去を隠すために殺してしまう悲劇を描いた作品です。米軍の駐留が生き様を歪めてしまうことが、都心でもたくさん起きました。森村誠一の『人間の証明』とともに、沖縄の若い記者には是非読んでもらいたい作品です。

基地被害を都道府県レベルで比較するナンセンス

基地被害は主に飛行場で問題になります。沖縄の場合は嘉手納と普天間、東京は横田と硫黄島、神奈川は厚木が飛行場を持つ米軍基地です。この被害の程度は「飛行機の騒音レベル」と「飛行頻度」と「周辺の人口密度」で決まります。基地被害はこの三要素で比較し、都道府県で比べる場合も人口密度を考慮すべきです。沖縄と神奈川と東京の面積はほぼ一緒ですが、人口密度は神奈川が沖縄の六倍、東京が一〇倍です。つまり、軍用機一機の騒音による被害者の数は神奈川が沖縄の六倍、東京は一〇倍です。東京の横田基地は普天間の一・五倍の面積があります。騒音レベルも一・五倍だとすると、東京には普天間一五個分の騒音被害があることになり、墜落事故で死ぬ住民も一五倍ということになります。被害を受ける住民数を考慮して騒音と危険度を指数化して比べれば、「基地被害は沖縄より東京や神奈川の方が深刻」という結果になるかもしれません。

被害は他県の基地が与えることもあります。埼玉県には航空自衛隊入間基地がありますが、入間市は東京の青梅市と瑞穂町に隣接しているため、入間基地の騒音は都民にも被害を与えます。沖縄は他県から離れているため、このような被害はありません。

一九六四年には神奈川県の厚木基地所属のF－8戦闘機が東京都町田市の住宅街に墜落し、都民四人が死にました。さらに、騒音の質の問題も重要です。戦闘機の音は恐怖心を刺激する気持ち悪さがあります。同じ空軍基地でも、輸送機中心の横田と戦闘機中心の嘉手納では騒音の質が違います。私は、横田より嘉手納の方が不快です。

基地負担を平等にしよう、という主張は正当です。現在、沖縄と東京周辺に日米の基地が集中していますが、沖縄や東京の基地周辺に住む人からすれば、「基地被害は全国民で平等に分かち合うべきだ」と考えるのは当然です。

でも、この考え方には落とし穴があります。基地を増やす方向で平等が実現される可能性だってあるからです。例えば、北朝鮮への抑止力を高めるために長崎県に基地を増設して、沖縄と長崎の基地集中度が同程度になったらどうでしょう。負担平等論に沿った基地反対運動はそこで完結します。基地反対運動は沖縄県民だろうが長崎県民だろうが、具体的に基地被害をなくす結果をもたらさなければ意味がありません。実態としての基地被害を問題にすべきなのに、被害を強調するための数字が選ばれているような現状では、基地被害は減りません。

基地被害者をなくすには、「基地は本土に持っていけ」という正義を貫く方法のほかに、基地から人を離す方法もあります。

普天間基地は終戦時の一九四五年に完成しました。一方、ニュースなどでよく取り上げられる普天間第二小学校は、その二四年後の一九六九年に宜野湾市が危険を承知であの場所に建てたものです。軍事飛行場に隣接して小学校を建てた例は、世界でも沖縄だけだと思います。最も驚いたのは普天間基地所属のパイロットでしょう。子供たちが校庭で遊ぶ様子が、着陸時にははっきりと確認できる近さです。

学校を移転することは宜野湾市の意思決定でできます。それができないのは、子供たちの日々の苦悩よりも「普天間基地の県外移設が先決だ」という正義を貫く人がいるからです。「被害者」の正義にこだわり、「加害者」の政府に屈服してはならないという「正義」を優先する人たちが、沖縄で政治的な力を持っているからです。基地の縮小を求めると同時に、普天間第二小は早く移転すべきです。その移転費用を国が出すことに誰も反対しないでしょう。

第三章 「基地がなくなれば豊かになる」という神話

誤解を与える「経済効果」という概念

九一五五億五〇〇〇万円。これは沖縄の新聞にしばしば登場する「全基地返還がもたらす経済効果」の金額で、沖縄県議会事務局による試算です。沖縄の政治家や識者は好んでこの数字を口にし、「基地返還」の根拠としています。米軍基地がないほうが沖縄の経済成長ははるかに大きくなる、というのが彼らの主張です。この章では、この経済効果が本当に期待できるものなのか、精査してみます。

問題の試算は、二〇一〇年九月に公表された「米軍基地に関する各種経済波及効果」という調査報告書に掲載されています（以下「試算」と記す）。「試算」は、那覇新都心（おもろまち）などで得られたデータをサンプルとして、基地全面返還後の経済波及効果を、産業連関分析を用いて弾《はじ》き出しています。その予測値は生産誘発額で年九一五五億五〇〇〇万円、所得誘発額（雇用者所得誘発額）で年二四〇九億八〇〇〇万円、雇用誘発効果は九万四四〇〇人となっています。

九一五五億円という数字が一人歩きしていますが、これはあくまで経済波及効果を表す「生産誘発額」であって、経済を測る一般的な物差しである県内総生産（県レベルでのGDP）ではありません。生産誘発額を県内総生産に類するものだと誤解している人も多いようですが、県議会は誤解を解消する努力はしていません。むしろ、九一五五億円という数字に注目が集まることを喜んでいるかのように見えます。

実は、付加価値を表すGDPとちがって、生産誘発額には中間投入が含まれています。原材料・仕入れなどがダブルカウントされているという意味です。簡単な例でいえば、パン屋から一〇〇円で仕入れたパンを、レストランが二〇〇円で売る場合、GDP方式だと二〇〇円の計上となります。ところが、生産誘発額方式だと一〇〇円+二〇〇円の合計三〇〇円が計上されます。実態は二〇〇円ですから、生産誘発額は一〇〇円膨らんでいます。つまり、生産誘発額は水増しされた数値なので、経済の実態を正しく表す数値とはいえません。生産誘発額をGDPベースで把握するためには、この中間投入分を差し引かなければなりません。

一般には、「産業連関分析」というアプローチで用いられる「粗付加価値率」という係数を使って生産誘発額を計算し直せば、県内総生産にほぼ対応する数値を得ることができます。試算が想定する粗付加価値率は五六・三パーセント。つまり、生産誘発額に〇・五六三を掛ければGDPに対応する金額が出てきます。生産誘発額九一五五億五〇〇〇万円に対応するGDPは五一五四億三〇〇〇万円となります。県議会事務局も生産誘発額とGDPの違いは認識していますが、試算には「五一五四億円」という数字はどこにも見あたりません。九一五五億という数字だけが強調されています。

「年率一四パーセント」という空想的な経済成長率の根拠

五一五四億でも巨額であるという点に変わりはありません。この数字を、試算の計算期間最終年度である二〇〇七年の県内総生産三兆六九〇〇億円に対比してみると、年率一四・〇パーセントというきわめて高い経済成長率が得られます。が、このような成長率は疑われてしかるべきです。ここ一〇年ほどの沖縄の経済成長率は平均〇・二九パーセント（二〇〇二年〜二〇一〇年の名目県内総生産成長率の平均）ですし、戦後日本の高度経済成長は、最盛期（一九五六〜一九七三年）で年率九・一パーセント。一四パーセントといえばその一・五倍です。一九九〇年代から驚異的な経済成長を続ける中国の場合でも経済成長率は年一〇パーセント前後。沖縄は中国の一・四倍の経済成長を見込めることになります。一四パーセントの成長率というのは、普通の国ならまず経験したことのない未知の世界ということになります。

試算には、この経済効果が基地全面返還に伴う経済効果の累計（合計）なのか、毎年継続的に発生する経済効果の単年度平均なのかについての説明はありません。したがって、先に見た一四パーセントの成長率は複数年にわたって発生する成長率の合計であって、単年度のものでない可能性もあります。

ところが、試算のモデルとなった野村総合研究所作成の「駐留軍用地跡地利用に伴う経済波及効果等検討調査報告書」（二〇〇六年度大規模駐留軍用地跡地等利用推進費・沖縄県知事公室基地対策課委託調査・二〇〇七年三月／以下「野村報告」と略す）は、複数年にわたって発生した経済効果から「年平均」を算出したものです。「野村報告」は、すでに返還・整備が終わっている、那覇新都心地区、小禄・金城地区（那覇市）、北谷・桑江・北前地区（北谷町）という三地域について、跡地利用の経済効果を分析したものですが、試算は、この「野村報告」の手法とデータを応用して「基地全面返還」がもたらす経済効果を推計しているのです。つまり、試算は「年平均の経済効果」を推計したものとなります。これを額面通りに受け取れば「年一四パーセント」という、夢のような経済成長率が生まれることになりますが、かなり怪しげな推計だと思われます。

試算は、全基地が返還された場合、沖縄県全体で四兆七一九一億四〇〇〇万円（年間）の生産誘発額が推計されるとしています。その根拠となるのが、「野村報告」で示された三地域の経済効果です。全基地が返還されれば、那覇・北谷で現れた経済効果と同様の効果が全県的に現れるという条件が設定されているのです。四兆七〇〇〇億とはものすごい数字ですが、この金額自体はあくまでも机上の計算結果ですから、実際にはそうならないということは議会事務局も承知しています。試算では、理論上の生産誘発額と実際のＧＤＰ成長率との乖離《かいり》を測定した上で、「修正係数」を使って数字を調整しています。試算は修正係数〇・一九四として、これを四兆七一九一億四〇〇〇万円に乗じ、生産誘発効果九一五五億五〇〇〇万円を最終的に弾き出しています。

試算の説明では、修正係数は「県内他地域からの需要移転など」を視野に入れたものとなります。計算のモデルとなった三地域での生産誘発額の増加が他地域の需要を奪い取っている可能性を考慮して修正係数を調整し、それを全県的な経済効果の調整に適用しようとするものです。

たとえば那覇新都心部の販売額の増加は、国際通りなど那覇旧都心部の商業販売額の減少によって達成された可能性が強いことになります。那覇新都心がどんなに発展しても、他の商業地区がその影響で廃《すた》れるのであれば、プラスとマイナスを相殺しなければならない、という意味です。

試算は、こうした「パイの奪い合い」も考慮して計算していることを強調し、実態に近い推計であると自負していますが、実は返還された基地の跡地整備にかかる莫大な経費などをいっさい考慮していません。跡地整備の経費が主として県外から無償で調達されるなら（たとえば政府からの補助金投入）、試算に近い経済効果が得られる可能性も皆無ではありませんが、県内での資金調達となると資金需要が逼迫して経済効果どころではなくなります。したがって、この点でも試算のいう経済効果はあてにならないことになります。

驚くべき計算過程の欠落

試算では、基地の現状を前提に「基地があるがゆえの経済波及効果」も試算しています。二〇〇三年から二〇〇七年までの基地関連投下額（基地関連収入＋補助金など）を平均した三二五五億八四〇〇万円を元に生産誘発額を四二〇六億六一〇〇万円と推計しています。この金額と基地撤去後に発生するとされる九一五五億五〇〇〇万円の経済効果を比較して、「基地がないほうが沖縄経済は豊かになる」と結論づけています。

けれども、よく見てみると、一連の試算には重要な計算過程が抜け落ちているのです。返還後の経済効果から基地の現状を前提とした経済効果を差し引かなければ実質的な効果は出てきません。ところが、その計算が試算には存在しないのです。基地がなくなることが前提ですから今現在基地からもたらされている経済効果が消滅するわけで、その部分を差し引かなければ意味がありません。

わかりやすくいえば、試算による経済効果は「全基地返還で生ずる経済効果」＋「全基地固定のままの経済効果」となっています。本来であれば、「全基地返還で生ずる経済効果」から「全基地固定のままの経済効果」を差し引かなければなりません。試算の立場は、全基地返還で得られる経済効果を推計しているのに、基地固定化で得られる現状の経済効果が上乗せされているのです。

試算におけるミスを修正して得られる全基地返還後の新たな経済効果は、生産誘発額ベースで九一五五億五〇〇〇万円マイナス四二〇六億六一〇〇万円＝四九四八億八九〇〇万円、ＧＤＰベースでは五一五四億三〇〇〇万円マイナス三二五五億八四〇〇万円＝一八九八億七一〇〇万円となります。正しい生産誘発額は概数で五〇〇〇億円、ＧＤＰ純増分は一九〇〇億円です。生産誘発額九一五五億円も、先に計算したＧＤＰ純増分五一五四億円も否定されてしまいます。

以上のように考察してくると、試算のような経済効果はきわめて怪しいもの、信頼に足らないものと結論づけざるを得ません。このような怪しげな数字が一人歩きすることは沖縄の先行きにとって何の得ももたらしません。が、関係者もメディアも、こうした怪しげな数字の一人歩きを放置しています。それどころか、彼らは九一五五億が現実に生まれるかのように話すこともしばしばです。お伽噺だけが語られ、真実が追求されていません。

百歩譲ってこれが実現可能な経済効果だとしても、なお大きな問題が残されます。試算の内容に沿った開発が進められれば、沖縄じゅうの基地の跡地に巨大なテーマパーク、ショッピングモール、リゾートホテル、マンション群が立ち並ぶことになりますが、そうした施設をいったい誰が利用し、誰が購入するのでしょうか。明らかに供給過剰です。県外企業や県外在住者が、挙《こぞ》って沖縄に押しかけてきてお金を使わないかぎり、需要は満たされません。おまけに基地跡地を軒並み開発したら、深刻な環境破壊も発生するでしょう。常識で考えれば、そんなことは誰にでもわかることです。このような机上の計算が一人歩きする事態は、とても危険です。

試算ではまったく触れられていませんが、全基地返還に伴ういちばんの懸念材料は、土地価格の暴落による県経済の混乱です。先に触れた「野村報告」では、すでに返還が決まっている南部五基地（普天間飛行場、キャンプ桑江、キャンプ瑞慶覧、牧港補給地区、那覇港湾施設）の面積だけで、沖縄県全体の宅地は確実に供給過剰になると予測しています。全基地返還となれば地価の暴落は避けられません。となると、企業の倒産や個人の破産も激増します。全基地返還は土地利用の観点からも、深刻な経済問題を引き起こします。

基地がなくなっても豊かにはなれない

「基地さえなくなれば沖縄は発展する」という考え方を逆方向から考えれば、それもある種の基地依存、基地信仰といえます。長期にわたり米軍基地が沖縄に存在することで、「米軍基地」が沖縄の四肢の隅々まで染みこんでいるということでしょう。今回の試算のように「基地の全肯定か、それとも全否定か」という選択の問題を出発点にしても、実のある結論は得られません。合理的な経済計算はできなくなり、経済の実態も見えなくなります。そうではなく、基地と経済の関係を正しく把握することから始めなければ、問題解決の具体的方向は見えてきません。

実態がいかに把握されていないか（あるいは把握したくないか）を示す一例として、沖縄経済の米軍基地への依存度に関する県当局の説明を検討しておきましょう。

「基地関連収入の県経済に占める割合は、復帰直後である一九七二年度の一五・五パーセントから二〇〇九年度は、五・二パーセントとなり、その比重は大幅に低下」というのが公式の説明です。たしかに一九七二年と二〇〇九年を比較すればそのとおりです。しかしながら、普天間基地移設が問題化した一九九六年以降の依存率は、一九九六年＝五・二パーセント、二〇〇〇年＝五・二パーセント、二〇〇五年＝五・二パーセント、二〇〇九年＝五・二パーセントとまったく減少していません。その間に五・二パーセントを超えた年度が七回もあるのです（最高は二〇〇四年の五・六パーセント）。実額ベースでも、この期間内に二〇〇億円以上増加しています（二〇〇九年の総額は二〇五八億円）。復帰から一九九五年（依存率四・七パーセント）まで、米軍基地依存率は順調に低下しつづけてきました。が、一九九五年以降一五年以上にわたって、依存率の低下は見られず、それどころかわずかながら増える傾向が観察できるという現状を、どう解釈すればいいのでしょうか。

「基地さえなくなれば経済成長できる」という主張についても、経済の実態はその反証になってしまっています。たとえば、二〇〇九年の一人当たり市町村民所得ランキング（沖縄本島二十六市町村）の上位を占めるのはすべて基地のある市町村です。トップは米軍基地（米軍施設）面積が町の面積の八二・五パーセントを占める嘉手納町です。二位も基地面積が五三パーセント近い北谷町です。さらに、一九九六年から二〇〇九年までの市町村所得（沖縄本島二十六市町村）の伸び率を見ると、トップは基地面積が四一パーセントを超える東村です。二位は所得額でトップの嘉手納町でした。つまり、「基地さえなくなれば経済成長できる」という話はこれらの数値を見るだけで眉唾だということがわかります。基地がなくなったら所得を生みだしにくくなる可能性はあっても、基地がなくなったからといってあらたな所得が生まれるとはいえないのです。神話の類だと考えてよいでしょう。

こうした客観的事実は、基地と沖縄経済との関係を図らずもあぶり出してしまいます。沖縄は今も基地の島ということです。全基地返還が経済効果をもたらさない理由のひとつは、基地依存とそれが変質した振興資金依存の状態が続いているからです。所得の源泉でいえば、それは軍用地料（地代）や基地予算・振興資金による土木建設事業に直結しています。

たとえば嘉手納町にある嘉手納飛行場、嘉手納弾薬庫地区、陸軍緒油施設の米軍三施設の軍用地料（賃貸料）は年額合計一二四億九二〇〇万円です（他市町分は含まず／二〇一一年）。これに対して嘉手納町の町民分配所得は三八七億四三〇〇万円です。単純に比率を計算すれば、町民所得の三二・二パーセントに相当する金額の軍用地料が発生していることになります。また、嘉手納町の就労者総数に占める建設業就労者数は一二・五パーセントで、全国平均七・五パーセントはむろんのこと、沖縄県平均の九・二パーセントもかなり上回っています（二〇一〇年国勢調査）。大規模な基地が所在する市町村についても、ほぼ同様な分析結果が得られます。つまり、沖縄全体を平均化した数値では実態は見えてこないのです。基地のある市町村にとって、基地の存否は依然として死活問題です。

来間泰男沖縄国際大学経済学部元教授は「沖縄はもはや基地経済ではない」としながら、「基地の全面返還に経済効果を期待すべきではない」と再三再四繰り返しています。沖縄はたしかに「基地経済」と呼べるような直接的な基地依存は縮小しましたが、高率補助・基地給付金を始め、政府からの公的資金・公的支援に異常なほどもたれかかっています。それは、やはり変質した基地依存だといえるでしょう。来間氏も「基地がなければ沖縄は発展する」という夢物語を痛烈に批判しますが、この「夢物語」または「妄想」は、先に触れた議会事務局の試算が発表されてから、ますます強くなっているように思えます。

政治家、ジャーナリスト、識者などが、沖縄経済の基地依存、補助金依存という事実を認め、そこから再スタートすることが立場を問わず強く求められているのに、彼らの多くが「基地返還後にもたらされる経済効果」にこだわり、「基地返還は沖縄に経済成長をもたらす」と主張しつづけることは、結果的に不幸な事態を招きます。

第四章

広がる格差、深まる分断

「下流の宴」の実態

基地の見返りの振興策が四〇年以上も続いたにもかかわらず、沖縄は全国一の格差社会になってしまいました。振興策で公務員と大企業は潤いますが、貧困層にはなかなか行き渡らないからです。その結果、高失業率・低所得が定着し、経営者が圧倒的に強い前近代的な弱肉強食の資本主義社会になっています。琉球大学OBのエリートを中心とした閉鎖的な支配階級が県内権力と一体化しているため、沖縄には県内権力批判をするマスコミや労組、学識者などの左翼勢力が育ちませんでした。女性や子供、障害者ら社会的弱者が放置され、中小・零細企業の労働者は搾取されています。これが沖縄における最も深刻な基地被害です。

毎日新聞が二〇〇九年に連載し、二〇一一年にNHKがドラマ化した林真理子氏の『下流の宴』には、下流の象徴として沖縄の離島（「南琉球島」という架空の島）出身の女性が出てきます。下流の方が上流よりも人間的に描かれている点にかすかな救いがありますが、現実の沖縄社会では、下流社会に生きる低所得者が増え続けています。

琉球新報に、本土復帰四〇年に際して渡名喜守太という方が、こんなことを書いています。

「所得の低さは相変わらずであり、そこに外部から資本や人口が流入し、沖縄人は沖縄において下流化、低辺層化していく流れができている。外部の資本や移住者に搾取され、経済的、社会的にも地位や富、利益を奪われ、文化的にも独自の言語、文化が消滅させられ、その上に軍事的にも生命の危険に晒されている。にもかかわらずそれを豊かになったと思い込むのはいわゆる『奴隷の幸せ』に浸って、精神が奴隷化されているためだろう」（琉球新報　二〇一二年五月一二日）。

外部資本や移住者が搾取しているわけではありませんが、一〇兆円を投じてなお「下流化」が進み、精神が「奴隷化」されていると沖縄で暮らす人が実感しています。

沖縄における基地被害は大きく分けると二つあります。①騒音と事故と兵隊による事件②振興策が生む格差と貧困です。前述の通り、①は本土にも日常的にあります。しかし、②は沖縄に顕著な被害です。しかも①は基地周辺住民に限られますが、②は県民全体を巻き込み世代を超えて拡散する、解決が難しい被害です。復帰後、最も悪化したのが格差と貧困の問題です。復帰直前の一九七一年に〇・八パーセントだった失業率は四〇年たった二〇一二年五月で八・三パーセントに悪化しました。基地は四〇年間で東京ドーム一〇八六個分減りました。つまり、①は減りつつありますが、②は深刻化し続けているのです。

振興策は大企業のみを潤す

多額の税金を注ぎこんで実施されてきた振興策は、目立った産業をつくれませんでした。公民館やホール、公園や野球場、運動施設、大規模な観光施設などに使われ、中小企業や個人には回らず労使関係をゆがめました。

日本銀行那覇支店が二〇〇九年一一月に出したレビューに、沖縄が全国一の低賃金である背景についての興味深い分析があります。

「企業業績の悪化を受けて、所得環境面では、賞与のみならず、所定内給与のカットにまで着手せざるを得ない先が少なくなく、雇用者所得は前年割れが続いている。

こうした賃金調整等が容易に行われる背景として、県内ではオーナー企業や中小企業の割合が高いこともあって労働組合の組織率が全国比で低いことが一因として挙げられる。この結果、雇用・賃金に関する経営者サイドからの不利益案件が、大きな抵抗もなく実行されており、こうした労使関係の枠組みが、県内の労働分配率の低さなどといった取得環境の悪化に繋がっている」

沖縄の経営者は景気が悪くなると、所定内給与に手を付け会社の取り分を守ります。本土で働いたことがある地元紙の記者は、「沖縄は労働者から搾取する前近代的な資本主義がまかり通っています。優秀な人間だけが公務員になり、役所にも大企業にも入れなかった負け組同士で上下関係が強い労使関係を続けています」と解説してくれました。

こうした非民主的な労働環境に振興予算を投じても、非正規労働者の給料が増えるはずはありません。日本一の格差社会になったのは必然です。誰もそれを止めようとしませんでした。止めるどころか今も格差を広げる政策を沖縄自身が進めています。

日本一の階級社会の実態

格差社会の実態を直近の統計から拾ってみましょう。総務省の全国消費実態調査によると、高くなるほど貧富の差があることを示すジニ係数が、沖縄は二〇〇九年度に〇・三三九と全国一です。〇・三三を上回るのは大阪、徳島、長崎、沖縄の四府県だけで、ここ一〇年来最悪です。内閣府の調査では、二〇〇六年に所得が一〇〇〇万円を超える納税者の割合が、沖縄は一〇・二パーセントで全国九位。ベスト一〇で大都市圏でないのは沖縄だけです。平均所得は最低レベルなのに地方都市では最も金持ちが多い、すさまじい格差社会です。日本一高い失業率と日本一低い労働分配率が格差の象徴です。

また、春闘もないに等しい経営者天国でもあります。非正規雇用者の割合は二〇一一年に四〇・八パーセント、三五歳未満では四六・六パーセントで全国一。だから、正社員への憧れが強く、〝正社員のトップ〟である公務員は子供たちの夢です。その子供たちの実情はこうです。公立小中学校で学用品や給食費を公費負担する「就学援助」を受けた子供は二〇一一年度で約二万七〇〇〇人。実に五・五人に一人の割合です。

子育て世代の半数が年収三三四万円未満。母子家庭の八割超が月収一五万円以下。支援なしの民間学童保育は全国の七割が沖縄。子育てへの支援が日本一貧弱です。盲・聴覚障害者養護老人ホームの未設置、自治体のバリアフリー構想ゼロなのも沖縄だけ。障害者への支援も最低です。NHKの受信料を支払っている世帯は四二パーセント。五割を切るのは沖縄だけです。年金加入率も最下位。給食費の未納も日本一です。

再びお笑いコンビ・スリムクラブの沖縄あるあるネタですが、借金の催促を友人にすると「ごめん、季節で返す」というのがあります。沖縄の若者はこれでどっとウケます。「季節」というのは主に自動車工場で働く季節労働者のことです。カネがなくなると本土に「季節」に行き、失業保険が切れるとまた出稼ぎに行く若者が多いのです。

二〇一一年の人口動態調査では、離婚率は九年連続のワースト。二〇〇五年時点の生涯未婚率は男性が二三・三パーセントで一位、女性も九・七パーセントで二位です。「日本で最も結婚が難しく離婚しやすい県」。このイメージは県内ではすっかり定着しています。

「できちゃった婚」の比率も三八・二パーセント（二〇〇九年）と全国一で、離婚した若い母親は夜の街で働くことが普通です。飲み屋に行くと二〇代の女性が、こちらが聞いてもいないのに自分の子供のことを話し始めることがよくありました。彼女たちは毎日大量に泡盛を飲みます。カネと健康と人間関係のいずれか、あるいはすべてで問題を抱えています。

シングルマザーを苦しめているのが医療費の高さです。通院費助成は、三歳までに限定する自治体は全国で一・四パーセントに過ぎませんが、沖縄は五一・二パーセントもあります。この問題を調べた琉球新報は社説で「国は自治体任せでなく、平準化に向けた制度創設も視野に環境改善に知恵を絞るべきだ」（二〇一二年七月一一日）と、県ではなく国を批判しています。母子家庭の出現率は全国平均の約二倍で、母親の四七・四パーセントが非正規労働者です。

認可保育所を希望する待機児童が二〇一二年四月時点で二三〇五人。人口が約一〇倍の東京（七二五七人）に次いで全国二位です。沖縄は子供の割合が全国で一番多い県です。ここでも社会的に弱い人たちへの冷たさが見えます。

パブリックコメント制度を持つ自治体は全国二番目の低さ。市民から広く意見を聞く民主的な姿勢が行政にありません。民主主義は、少数派がいずれ多数派になるかもしれないことを尊重する制度です。だから議論が大事なのですが、この低さは議論を重視していない風潮をよく表しています。

簡単に言えば、公務員が社会の頂点に立ち、民間では大企業が圧倒的な市場支配力を持ち、中小零細企業では経営者が労働者より極端に有利な力関係を持っている、というのが沖縄の現状です。弱肉強食、優勝劣敗がくっきりした階級社会です。

二〇〇六年には官民格差を象徴する出来事がありました。弁護士らで構成する県の外部監査が「県職員の給料を半減せよ」という大胆な提言をしたのです。二〇〇四年度の県内給与所得者の平均年収が約三四〇万円だったのに対し、県職員の平均年収は二倍以上の七二二万円だったからです。

二〇〇五年には、県議会議員の期末手当の算定基準を二割増しにしていたことが発覚しました。既得権益を守るこんな「お手盛り」がまかり通るのですから、沖縄の子供たちが公務員を夢見るのは当然かもしれません。

ある県庁の幹部は「我々は、基地反対と言い続けて自分たちの存在意義を訴えないと、民間から批判の対象にされてしまう」と本音を教えてくれました。

「結」（ゆい）の崩壊

東日本大震災の直後、テレビはACジャパンのCMばかりになりました。この中に「沖縄では一人で食事をする子供が全国平均の約二倍」という子供の孤食を取り上げたものがあったのをご記憶の方も多いことでしょう。「遅くなってごめん」と帰宅した母親の声に振り返る男の子の笑顔が印象深く、ネットには「衝撃を受けた」という感想が載っています。沖縄の子供たちの多くは、厳しい環境下にあります。

二〇一一年度のドメスティック・バイオレンス（DV）の相談件数は二二三二件で過去最多。四年前の約三倍です。裁判所の「保護命令」もずっと全国最多です。

また、飲酒で補導される少年は全国平均の一〇倍もいるのですが、驚くのは、例えば中学生が公園で飲酒していて近所の人に一一〇番通報されるといったケースが多いことです。子供が近所で酒を飲んでいたら、警察を呼ぶ前に注意するのが普通でしょう。酒を巡るおおらかな大人と子供の関係はもうありません。

二〇一二年九月には、宜野湾市の中学校で、教室に貼られていた献立表の紙一枚を破った一五歳の中学三年生が器物損壊の容疑で県警に逮捕されるという「事件」が起きました。逮捕する警察もどうかしていますが、警察を呼ぶ学校側は、もっとどうかしています。こんなレベルの非行を学校内で処理できず事件化してしまう。沖縄の学校教育の貧困を物語る事件です。

同年、教育の貧困についてより深刻な問題が発覚しました。沖縄の公立中・高校の補習で、給料とは別にＰＴＡ会費から教師に報酬が出ていたことが国会で問題になり、文科省が調査しました。同様の事例が全国一七道県であったのですが、沖縄では模試の監督、遅刻指導、補習の時間割作成、実力テストの作問、小論文指導、面接指導などでも報酬が出ていました。

ただでさえ高給で安定している教師の生活を、低所得の家庭が上乗せする形で支える倒錯した状況が、なぜ放置されてきたのでしょうか。

それは、沖縄では先生は憧れの職業であり、社会をリードする支配階級だからです。このエリートである先生や役所の職員が基地反対運動を担っています。私は、生徒と先生の信頼関係が壊れているとしか思えない、こうした教育現場の貧困を知るたびに、平穏な生活を目指しているはずの基地反対運動の本気度を疑いたくなるのです。

二〇一二年に、八重山で唯一出産に対応できる県立八重山病院（石垣市）が、四月以降には医師不足になるため市が「出産は沖縄本島でして」と妊婦に呼びかけたことがありました。米国で勤務経験がある保健師さんは「産んでから育てるまで女性に任せきりで支援がない。沖縄の出産事情は黒人社会そっくりです」と言っていました。

琉球大OBという「支配階級」

本土復帰で公務員の給料は本土並みに高騰し、民間では電力、銀行、建設大手が公共工事を背景に極端な市場支配力を手に入れ支配階級が固定化されました。復帰を先導した公務員は、戦争と米国支配と基地の三重苦を訴えて振興策を求める行政と一体化し、マスコミと学識者も共闘しました。琉球王朝は先島に過酷な人頭税を課し、明治政府は王朝の士族にだけ配慮して人頭税を温存させ民衆の側には立ちませんでした。今も同じです。日本政府は支配階級にだけ配慮し、抑圧される市民の側には決して立ちません。

沖縄の支配階級の一体感をより強固にしているのが、琉球大学OB社会です。私の取材対象や記者仲間の大半も琉大卒でした。役所や企業の上司は琉大の先輩ですから、上下関係がずっと固定化され逆らえません。これが変化を嫌う超保守社会を生んでいます。琉大出身者が県庁、政財界、マスコミ、学識者の中枢を占め意思決定に関わっています。これほど一つの大学出身者が社会を支配し、尊敬を集めている県はほかにありません。

農林省から沖縄県庁に入って害虫ウリミバエの根絶に尽力した伊藤嘉昭氏は、『沖縄の友への直言』(高文研)で、この琉大OB社会を「知的近親交配」と呼んでいます。「大部分が同窓生であるような職場に真剣な切磋琢磨はうまれない」「国の補助金をあてにしない新企画の立案・実施の経験者を採用したり、そのような県・市役所の部署で学ぶことが必要だ」と他県との交流を提言しています。琉大をつくったのが実質的には米国であることを考えると、「沖縄の戦後は終わっていない」という言葉には重みがあります。

二〇一一年八月六日付の沖縄タイムスが掲載した平岡敬・元広島市長のインタビューの中に次のような発言がありました。

「弱者に負担を押し付けない社会をつくらなければならない。戦争のない状態だけでなく、飢餓、貧困、差別のない社会が『平和』。それを訴えていくことが大事だと思う」

重要な視点だと思います。失業者や母子家庭が増えようが、基地だけは反対だ。そんな人間の日常生活に目を向けない反戦・反基地運動に意味があるでしょうか。

「彼らは人間よりジュゴンの方が大事なんだよ」

そうつぶやいた辺野古の漁民の言葉をよく覚えています。

辺野古も高江もエリート同士の戦い

多くの貧困層にとって、米軍基地の問題は切迫した問題ではありません。辺野古で反対運動をしている人の多くは辺野古区の住民ではないのです。日々の騒音被害がどのくらいひどいのか聞こうと思って、基地反対デモに参加している人に取材したことがありますが、公務員ばかりで基地周辺に住む人はいませんでした。

藤本幸久監督が撮った映画「ラブ沖縄@辺野古・高江・普天間」では、高江の工事現場で沖縄人の沖縄防衛局幹部が沖縄人の官公労幹部や革新系の議員に囲まれて糾弾される場面が延々と続きます。どちらも公務員のエリートです。エリートがエリートを糾弾しています。「本当の基地被害者は置き去り」という実態がよく伝わる映像です。

成田空港の反対運動でも、被害者ではない外部の「意識の高い人」が運動の中核になる構図がありました。成田でも辺野古でも、そういう人が地元住民の気持ちを傷つける場面を見ました。特に辺野古の場合は、地元は賛成なのに外部の人が反対するという構図があるため、外部の人に対する地元民の怒りの感情はとても深刻です。

私が辺野古に生まれ、仕事がないため基地関係の仕事を担う父親の土木会社で働いていたとします。基地は嫌いですが生きていくためには仕方ありません。そして、「ジュゴン大好き会」といった動物保護団体に所属する東京あたりから休日だけ「運動」をしに来る意識の高い若者から「子供たちの未来のために、この美しい海を守りたいと思わないんですか」と説教されたとしましょう（実際にこれを地元の人に向かってやる本土人がいるのです）。私はその若者に殺意を覚えるだろうと思います。

左翼がいない不幸

本来、こうした社会的弱者の立場で活動をすることを期待されているのが、「左翼」や「革新勢力」です。ところが、沖縄では彼らは機能していません。

二〇一二年一一月の那覇市長選で自民党の翁長雄志氏が四選を果たしました。翁長市長は直前の反オスプレイの県民大会で代表になり、新聞では「差別」という言葉で政府や本土の日本人に怒りをむき出しにしていました。この怒りを増幅させながら、二〇一四年の県知事選では共産党の支持も受けて当選しました。那覇市はかつて「革新の牙城」でしたが、社民党、社会大衆党、共産党の革新三党は、那覇市長選では一九六一年以来初めて革新統一候補を立てられませんでした。なぜこんな珍現象が起きるのでしょう。

那覇市には多くの問題があります。自主財源の減少、小学校の統廃合、待機児童、生活保護世帯の増加、那覇空港増設に伴う環境破壊など、翁長市政を批判するのが本来の革新の役割です。しかし、それができません。なぜなら、革新勢力は支配階級である公務員・教員の労組に支持されているからです。労組が県内権力側の味方なのです。その市権力トップの翁長氏に「反基地のヒーロー」のお株を奪われたのですから、革新勢力はたまりません。つまり、沖縄の革新政党には「沖縄を差別するな」という「反日思想」はあっても、シングルマザーや失業者の暮らしを楽にさせる弱者救済の左翼思想がないのです。

さらに問題があります。県当局や県議会という権力と対峙すべきマスコミ・学識者・労組が、県権力と一体化してしまっているのです。これが大衆にとっての最大の不幸です。公務員と大企業だけが潤う階級社会は本来、左翼勢力からの批判で修正されるのが健全な姿ですが、支配階級と闘う労組がなく、「反日」の沖縄民族主義でマスコミ・学識者・官公労が行政と一体化する、他の地域では見られない特殊な階級構造を形成しています。

その特殊性は、さまざまなところで顔を見せます。たとえば、沖縄の学校では男子を女子より先に並べる男女別名簿が主流です。日教組の二〇一一年の調べでは、男女混合名簿の小学校の実施率は、全国平均の八三パーセントに対し、沖縄は一〇パーセントです。フリーライターの山城紀子氏は『世界』（二〇一一年六月号）で、女性教師が結成した「ジェンダー問題を考える会」の名簿導入活動に触れ、「同会の安次嶺美代子さんは『全国集会に行くと、なぜ平和問題、差別問題に敏感なはずの沖縄で男女混合名簿がこれほどまでに導入できないのか。これを差別だと思わないのかと問われて返す言葉がない』と困惑の表情を見せた」と書いています。

しかし、これは考え方が逆です。沖縄には本来の左翼がいないので、県内の差別問題には鈍感なのです。山城氏は「男女混合名簿を導入することは、これまで当然のことと思っていた男と女の関係を見直す機会になる。それは必ずや沖縄の離婚率がなぜ高いのか、なぜ沖縄ではＤＶの悩みが深刻なのか、男と女の関係性の歪みが、子どもの成長・発達にどういう影を落としているか、などを考えるきっかけにもなるはずである」と訴えています。一般に、沖縄は平等思想が強いというイメージがありますが、こんな基本的なことを教育行政や先生に訴えなければならないのが現実です。

権力べったりの新聞

多くの県民にとって重要なのは国の政策よりも沖縄県の政策です。その県という権力をチェックするのは、地元マスコミ、とりわけ地元新聞の役割のはずですが、それが期待しにくいのが実情です。

二〇一三年一月二二日に「『沖縄の声』を聞く」というシンポジウムが専修大学神田キャンパスでありました。パネリストとして琉球新報の編集局次長と政治部長が出席し、沖縄でなぜ「差別」という言葉が使われているかの説明がありました。私は二人とは一緒に飲んだこともあるのでとても懐かしかったのですが、編集幹部になった二人の話を聞きながら、「沖縄県庁の幹部のようだなあ」という印象を持ちました。

例えば編集局次長は県議会のオスプレイ反対決議を挙げ、「政府に近い立場の仲井眞知事までが『差別』という言葉を使っています。沖縄県民の怒りは分水嶺を越えつつあります」と県権力と県民の一体感を強調しました。政治部長は「沖縄社会は被差別意識を高めています」と話し、「基地は経済振興の障害で、返還された方が経済的に有効だと経済界も含めて自覚しています」とやはり沖縄全体を被害者として強調しました。ここでは、批判対象であるべき県経済界や県権力とマスコミが一体となっています。

権力側である行政が県内の一体感を強調して日本政府と対峙するのはよくわかります。そして、政策によっては、マスコミがそれに同調することもあるでしょう。しかし、沖縄の場合、マスコミが常に県内の一体感を求める傾向が他県より強くあります。沖縄県民の生活を脅かす基地をもっと減らせ、と日本権力を厳しく批判するのはもちろん正当です。しかし、一方でもっと深刻に県民生活を脅かしている貧困と格差問題や基地利権について県権力を追及する姿勢はとても弱いように見えます。

このシンポの五日後には、沖縄の全自治体代表と官公労が日比谷でオスプレイの配備撤回を求める集会を開きました。この「東京行動」を「沖縄に民衆運動の火」などと讃えた評論が地元紙に載っていました。しかし、これは民衆運動とは言えません。別に腐す意味で言うのではなく、「沖縄権力」が「日本権力」に抗議しただけだからです。

デモの翌日、安倍首相に抗議文を手渡したのは、オスプレイとは関係ない那覇市の翁長市長（現知事）です。二〇一〇年の知事選では仲井眞氏の選挙対策本部長を務め、知事になった今は沖縄権力の筆頭です。日々の生活費に困窮している民衆は、子供を預けて高い飛行機代を自腹で払ってまで東京で抗議行動をする余裕などありません。低賃金にあえぐ沖縄の日常生活の中にこそ民衆の怒りの火はあるのです。むしろ、なぜ沖縄では基地問題が民衆運動にならないのかが問題なのです。

日比谷の会場では琉球新報と沖縄タイムスが「東京行動特別版」という号外を配布し

ていました。権力側とマスコミが一緒に政治運動をしていることに違和感を持った都民もいたのではないでしょうか。

小野寺五典防衛相に普天間の県外移設を求めた要請団は、大臣が明確に拒否したにもかかわらず反発することもなく、会見では「政治的にインパクトのある行動になった」などと自画自賛しました。安倍首相が要請団に直接会う配慮を見せ「安全保障を皆さんに担ってもらっていることを胸に刻んで対応する」と話すと、「オール沖縄によるかつてない東京行動は、県民の声に耳を傾けるという首相の言葉を引き出した」と評価すらしています。この翌日に沖縄振興予算の満額回答が決まったのです。いつものことですが、「怒っている」という姿勢を政府や本土に伝えることに全力投球して終わります。

なぜなら権力者の運動であり、民衆運動ではないからです。県権力と地元マスコミの共闘は、結果的に振興策を引き出すだけで、むしろ基地の固定化を促しているのではないでしょうか。

「基地反対」と地元マスコミが書き、県はその声を政府に伝えて振興策を得る。なぜこうなるのかというと、沖縄は全国で唯一、地方紙と全国紙との間に競争がない地域だからです。沖縄本島では新報とタイムスの二紙で計約三五万部と市場をほぼ独占しています。全国紙は、新報に印刷を委託して地元向けの紙面を唯一持つ日経でも約七〇〇〇部、二位の朝日が約一五〇〇部です。沖縄以外では、全国紙も地元紙と競い合って県行政の批判をしたり、県内有力企業の不正を暴いたりします。ところが、沖縄だけは県版がないので、沖縄の記者は全国紙に地元ニュースを出し抜かれる心配がありません。だから、全国紙の影響を受けずに県当局と一体化した紙面がつくれるのです。

この権力とマスコミの共闘関係を批判した沖縄人がいます。作家の目取真俊氏です。二〇〇八年四月二日の目取真氏のブログ「海鳴りの島から」は興味深い内容でした。琉球新報の「風流無談」というエッセーの三月分を不掲載にされ、その理由とともにボツになった文章を載せています。内容は『週刊金曜日』や『週刊朝日』『週刊新潮』などが名護市発注の工事の談合問題について相次いで取り上げたことをまとめたものです。『週刊金曜日』が追及する基地利権について「海砂採取の利権をめぐる屋部土建や沖縄県砂利採取事業共同組合の動きについても同誌は触れている。今後の連載でどれだけ問題が掘り下げられるか注目したい」と書いた上で、次のように批判しています。

「その一方で、これらの米軍基地の利権にからむ問題が、沖縄県内のメディアで、どう

してもっと大きく取り上げられないのか不思議でならない。（略）

本来なら沖縄のメディアは、率先してこれらの問題に本格的な調査報道を行い、沖縄に流れ込む基地関連の金をめぐり政・財・官の癒着構造ができていることを暴くべきではないのか。（略）

辺野古への新基地建設をめぐって、何十メートルか沖合に出すとか出さないとか、それで日本政府と仲井眞県知事、島袋名護市長が対立しているかのように描く報道を見ると、問題の本質から市民の目をそらすためにそういう報道をやっているのかと不信の念さえ抱く。（略）

建設位置の沖合への移動を仲井眞知事と島袋市長が求めているのは、浅瀬の埋め立て面積を拡大することによって、海砂採取業者や埋め立て工事に参入する県内業者に利益を与えようという思惑から、『基地利権』の県内の取り分を多くしたいだけのことではないか。（略）

（米兵の）事件が起こるたびに米軍や日本政府に抗議するだけでなく、『基地利権』という沖縄の内に溜まった膿を出さなければ、犠牲は繰り返される」

目取真氏は、琉球新報がこのエッセイを不掲載にした理由について「琉球新報編集部としては、週刊誌などの報道は裏が取れておらず、具体的に名前を出すと読者に誤解が生じるので載せられないということであった」と書いています。そして、「基地問題で米軍や日本政府には厳しい批判の矢を向けるのに、『基地利権』に群がっている県内企業の問題には消極的。沖縄のマスコミに対するそのような評価がどれだけ広がっているか、業界内部にいる者は気づいていないかもしれない。しかし、沖縄で市民運動をやっている者の中では、それはもはや常識に類することであり、基地問題と沖縄戦の二つで革新的に見えているが、それ以外は保守的な新聞という評価を耳にすることも少なくない」と、沖縄マスコミの権力批判の弱さを指摘しています。

目取真氏は普段、基地削減を進めない日本政府や沖縄の基地問題に無関心な本土の日本人を「ヤマトゥ」という言葉を使って厳しく批判しています。私が知る限り、沖縄の権力や沖縄マスコミの保守性を公の場で批判できる、沖縄でただ一人の左翼知識人です。

もちろん、本土のマスコミにも責任があります。沖縄に流れる税金の使い方についてほとんど書いてこなかったのですから。

普天間を巡る沖縄報道は、量はともかく質の面では沖縄も本土もたいして変わりません。辺野古の声は軽視して基地反対派の声を中心に書きます。マスコミの最も大事な仕事は、国や県、市町村など税金を使う権力へのチェック機能です。権力側が執行する予算が市民生活や企業活動のために使われているのかを批判的に検証する仕事のことです。沖縄のマスコミも本土のマスコミも、一般市民の側に立った権力批判という仕事ができていない。目取真氏の批判は、我々本土のマスコミも重く受け止めなければなりません。

辺野古に仕事を

内閣府で沖縄担当をしていた幹部職員がこんなメールを送ってくれたことがありました。

「沖縄には内地の人間が憧れる伝統や環境がありますが、実は沖縄が自らの手で絶え間なく破壊しています。その破壊を応援しているのが東京からの振興予算、基地対策費というやりきれなさもあります。しかし、お金はもらい続けるほど止められなくなります。沖縄問題に限らず、農業、医療、教育など、現在、日本が抱える政策テーマが同様の課題を有しています。当初は理念に燃えて法律を整備し予算を確保したはずですが、そのうちお金の魅力が理念を超えてしまいます。その結果、『もらう方』と『あげる方』をつなぐことが目的になり、予算確保という共同事業になってしまいます。もらうお金が生活費のようになり、『理念』なんて青臭いことは口に出せなくなります。このような閉塞感が沖縄に限らず日本全国にあったのだと思います。一度、すべてのことを理念に戻って考え直す時期です。お金より先に理念や夢が必要だと思います」

基地に頼らない、理念と夢を実現する北部の振興策として国際金融都市構想がありました。その構想に関わったのが元日本長期信用銀行の小西龍治氏です。仲井眞氏が知事になった時、私は「南北問題解決できるか」と題して、日経新聞に以下のように書きました。

「期待されるのは全国で唯一、名護市に認められている金融・情報特区の有効活用だ。現在、県内外の有識者を中心に『きんゆうＩＴ国際みらい都市　名護』というプロジェクトが進んでいる。同市を金融、情報通信企業、研究機関、会議場、宿泊施設を集積させた国際都市に変身させる計画で、今後五年の工程を来年三月までにまとめる。

プロジェクトの委員、小西龍治九州大学大学院教授は『沖縄は今こそ基地とリンクした振興策依存から脱すべき』と指摘。『観光と金融とＩＴを一体化させた〝知の街〟を北部に生むことは沖縄の自立を促し、南北分断の回避にもつながる。仲井眞さんには、名護を沖縄のセンター都市にするぐらいの熱意で取り組んでもらいたい』と新知事に期待を寄せている」（日本経済新聞西部版　二〇〇六年一一月二二日付）

しかし、この計画は頓挫し、小西氏は沖縄から手を引きました。その理由について彼はこう話してくれました。

「金融特区に過大な期待を寄せるのではなく、沖縄が自分で動かないと沖縄は変われない、他人が現状を変えてくれるものではない。そう当初から言ってきました。ところが、沖縄の人の視座につかの間の影響を与えたとしても、その影響をたちどころに吹き飛ばし、沖縄の精神構造をむしばみ続ける利権構造に思いが至ったとき、悔しいですが、『かなわない』と思ったのです。『なぜ立ち上がらないのだ。なぜ身を売ることを続けて、薄情卑劣な政府にすがってばかりいるのだ』というやり場のない怒りもありましたが、その答えも見つからず、無力感にとらわれました」

小西氏の無念は、沖縄の自立支援に関わった本土の人間が抱く共通の思いだと思います。税金への依存は抜け出すことが難しく、自立の精神そのものを壊します。

現在、名護の漁協は魚の陸上養殖に活路を見出そうとしています。古波蔵廣組合長は「我々海人は高齢化しています。跡継ぎも少なくなっている。仕事を残すために、台風が来ても陸地で漁業ができるような方法を手に入れるチャンスなんです」と話しています。水産庁は漁獲量が制限されているクロマグロの稚魚を陸上養殖して安定供給させる試みを支援しています。宮古島では、二〇〇五年から直径二〇メートルほどの巨大水槽に人工的に水流を作り、マグロの完全陸上養殖の試みが始まっています。

沖縄は海に囲まれ強い日差しと強い風があります。太陽光、風力、波力発電などの研究・実用化にふさわしい環境が整っています。国頭村には、海と人工池の落差を利用した「沖縄やんばる海水揚水発電所」という世界初の海水揚水発電所があります。自然エネルギーの産業化は、環境を柱とする沖縄県の自立構想とも重なります。こうした新しい産業を北部に興すことができれば、そこに雇用が生まれ、若者も生まれた土地で暮らすことができます。二〇〇六年時点で全国の限界集落は二九一七あります。その多くは近い将来消えてしまいますが、辺野古はまだ存続できる可能性があります。こうした存続の可能性を探っていくことが、結果として基地を減らすことにつながるのではないでしょうか。

二〇一〇年の沖縄県知事選で、仲井眞知事の再選を本土の新聞はトップニュースとして一面で報じました。でも投票率は過去最低でした。二〇一四年の知事選では、人口が最も多い那覇市で市長選や県議補選が重なったこともあり投票率の過去最低更新は免れましたが、かつて全国トップクラスの投票率を誇った政治の島は見る影もありません。本土では沖縄が熱く語られるのに、沖縄県民は極端に冷めています。こうした本土と沖縄の温度差が近年際立っています。

沖縄での大規模な県民大会は、県警調べを比較すると一九九五年（少女強姦事件）が六万八〇〇〇人、二〇〇七年（歴史教科書問題）が四万二〇〇〇人、二〇一二年（オスプレイ配備）が二万五〇〇〇人です。動員は四割ずつ減っています。官公労やマスコミの「オール沖縄」の呼びかけに一般市民はついていかなくなっています。

二〇一二年六月の県議会選挙の結果は、「反基地」の民族主義的な一体感が限界に近づいていることをわかりやすく露呈しました。投票率は六回連続で過去最低を更新しています。普天間やオスプレイが全国ニュースになる政治環境の中で政治離れが加速しています。各選挙区でトップ当選を果たした新人三人は、普天間移設に絡む宜野湾市、名護市、国頭郡で、すべて自民党系です。市民は、より現実的になっています。

海兵隊の大規模撤退が実現すれば、民族主義的一体感を支えていた「反基地」の主張は後退します。その時、基地問題に隠れていた貧困問題が表面化するでしょう。それを機に貧困にあえぐ市民のストレスは爆発する可能性があります。政治的無関心層が一気に本音重視の保守系支配階級の側に流れ、理想論を展開していた官公労とマスコミと学識者は初めて市民の攻撃にさらされる。琉球王国時代から階級社会を守ってきた沖縄が内部分裂した時、初めて民主化の希望が芽生えるでしょう。沖縄の市民は、「反基地」と叫ぶ公務員が自分たちの味方ではないことに気づき始めています。

第五章　「公」による「民」の支配

反戦平和の島・癒しの島の貧困

貧困層が多いといわれる沖縄県ですが、私は以前に、こうした問題を承知しつつ、沖縄を「貧しくとも楽しく暮らす癒しの島」と捉えて、底抜けに明るい側面を伝える本を何冊かつくりました。その出版には「皆、戦争の傷跡と基地の重圧に苦しんでいる」という従来の沖縄観に対するアンチテーゼという意味もありました。

が、現実を知れば知るほど、「楽しい沖縄・癒しの沖縄」というイメージで脚色するのは危険だ、と思い始めました。「戦争の傷跡と基地の重圧」がやはり問題なのだ、というわけではありません。米軍基地は大きな重荷ですが、それはこの癒しの島を苦しめる悩みの種の一つに過ぎなかったのです。

全国最低の一人当たり県民所得、全国最高の失業率といった問題はよく知られています。が、沖縄を苦しめる問題はそれだけではありません。離婚率全国一、父子家庭比率・母子家庭比率全国一、待機児童数比率全国一、ＤＶ発生比率全国一などといった家庭・子育て環境に関わる指標や、全国最低の高校進学率・大学進学率、教員を増やしても一向に改善しない全国最低の学力水準（小学校・中学校）、全国一の給食費滞納率といった教育関連の指標を見るだけで溜息が出ます。

ネガティブな指標はこれだけに留まりません。最低賃金（六六四円／二〇一三年）、一人当たり納税額、国民年金納付率、ＮＨＫ受信料納付率、自動車保険（任意）加入率などは全国最下位、反対に、非正規雇用率、国税滞納発生割合、男性肥満率などは全国最高です。

一方で、人口当たりのファストフード店舗数（ハンバーガー、フライドチキンなど）、人口当たりの飲み屋店舗数、人口当たりのレンタルビデオ店舗数、人口当たりのゲームセンター店舗数などは全国一です。もちろんこれらの数字が高いことは一概に悪いとは言えませんが、全体を見たときには、「失業や低賃金・不安定な雇用に苦しむ大人たちは、年金保険料など払うべきものを払えないまま、レンタルビデオ店で借りたＤＶＤを見ながらファストフード店で買ったハンバーガーやフライドチキンを食べ、飲み屋で憂さを晴らす毎日。不安定な家庭環境とレベルの劣悪な教育環境の下で育った子どもたちは、ゲーセン通いでストレスを発散する」といったイメージがどうしても浮かんでしまいます。

「米軍基地の存在が貧困の根本的な原因」という論者もいますが、その見方は大いに疑問です。復帰以来、米軍基地の代償として一〇兆円を超える財政資金が投入されましたが、経済実態はインフラ整備を除いて改善されていません。しかも沖縄県自身が、もう二〇年も前から「もはや基地に依存する経済ではない」と公言しています。そして、「基地さえなくなれば高成長が見込める」という試算は、第三章で詳述したとおり半ば虚言です。貧困の原因は基地以外にあると考えるのが合理的です。

基地問題の裏で依然として多額の振興資金が動き、特定の社会集団や政治党派が自分たちの勢力や既得権を守るために、米軍基地に対する賛否の運動を展開しています。「反戦平和の島」として注目されても、深刻な貧困に光が当たることはありません。マスコミ・出版の一部は「県民所得は最低だが、心の豊かさは日本一」などと癒しの島・沖縄を強調します。が、現状を知ると、とてもやるせない気分になります。以下では、各種統計数値も交えて、貧困の実態と本質を明らかにしたいと思います。

「全国最低の県民所得」が意味するもの

県民所得とは、ある県の経済的な力を「所得面」から金額的に把握した推計値です。

「一人当たり県民所得」とは、その合計額を人口で割ったものにほかなりません。県民所得には財産所得と企業所得が含まれていますから、一人当たり県民所得が、県民一般の生活水準や生活実感を表すものでないことには注意を払わなければなりません。大都市のある都府県やその近隣地域の県民所得が相対的に高いのは、大企業の本社や規模の大きな事業所が立地しているからです。逆にいえば、こうした大企業本社や大規模事業所のない県の県民所得が低いのはあたり前ということになります。

二〇一〇年度の一人当たり県民所得を見ると、全国平均二八八万円に対して、ベスト3は東京都（四三二万円／一〇〇〇円以下四捨五入・以下同じ）、滋賀県（三二七万円）、静岡県（三一〇万円）、ワースト3は沖縄県（二〇三万円）、高知県（二一八万円）、宮崎県（二二一万円）となっています。前年の二〇〇九年度については、沖縄県が二十一年ぶりに最下位を脱し、高知県が最下位に落ちたと報じられて大騒ぎになりましたが（公表は二〇一二年)、その後、担当部局である内閣府が計算の基準年を二〇〇〇年から二〇〇五年に変更し、各県が再計算したところ、「高知県最下位は間違い」であることが判明しました。二〇一三年夏に公表されたデータによれば、二〇〇九年度の最下位も沖縄県に修正されています。沖縄県にとっては、ちょっとした糠喜《ぬか》びだったことになります。

沖縄県の一人当たり県民所得は、東京都の半分以下、全国平均の約七割ですが、生活実態により近い指標は、五年おきに行われる「全国消費実態調査」から得られます。この調査は、全国からサンプルとなる世帯を抽出し(二〇〇九年は全国で五万七〇〇〇世帯)、調査票に記入してもらうもので、家計のやりくりが詳細に明らかにされます。所得、借金、資産、ライフスタイルの細部に至るまでこの調査の対象になっていますので、マクロ的な推計値を扱う国民経済計算(GDP)や県民経済計算よりも生活実態に近いといえます。

最新の消費実態調査(二〇〇九年)によれば、二人以上世帯の年間収入の全国平均が七〇六万円であるのに対して沖縄県は四〇七万円で、最下位にランクされます。比率でいえば全国平均の五八パーセント、トップの東京は八〇七万円ですから、沖縄県の平均世帯収入は東京の約半分です。これを見るかぎり、一人当たり県民所得で示された傾向とほぼ同じですが、消費実態調査はより具体的な生活実態を浮き彫りにします。

たとえば、貯蓄現在高（貯蓄額）の実態も消費実態調査で明らかになっています。全国平均は一二一七万円ですが、沖縄県は四六五万円で全国平均のわずか三八パーセントです。トップは香川県で一六四二万円ですから、その差は約一二〇〇万円。同じ国とは思えないほどの差が開いています。また、持ち家比率も全国平均七四・二パーセントに対して沖縄県は四五・四パーセントで最下位。持ち家などの資産は所得（収入）と相関関係がありますから、意外な結果ではありませんが、やはり沖縄県の劣位は顕著です。

一方、沖縄県は全国でもっとも負債現在高（借金）の少ない地域でもあります。これは持ち家比率が小さい、すなわち住宅ローンを組む家計が少ないということと関係しています。ところが、負債現在高と貯蓄現在高を比べてみると（負債現在高／貯蓄現在高）、沖縄は〇・八六と最も高い比率を示しています（平均は〇・五四。最低は香川県の〇・二五）。つまり、住宅ローン以外の借金、たとえば消費者金融などからの借り入れの割合が相対的に高いことを示しています。

他方で、資産所得の比率が全国一高いことも沖縄県の特徴です。県民所得の構成要素は、大別して雇用者報酬、資産所得、企業所得の三項目ですが、沖縄県の場合はそれぞれ六五・五八パーセント（六七・五九パーセント）、八・二八パーセント（五・五六パーセント）、二六・一四パーセント（二六・八五パーセント）となっています［（　）内は全国平均］。雇用者報酬比率（労働分配率）は全国平均に比べて若干低いものの、企業所得はほぼ全国並み。ところが、資産所得比率は大阪（二位）、東京（三位）を引き離してダントツの一位です。総額二三三六億円の資産所得うち、四割に相当する約九〇〇億円が基地使用料で、地主約四万人のうち年間一〇〇万円以上の使用料を受け取る地主が四六・二パーセント（約一八〇〇〇人）存在します。これも、沖縄経済を歪める大きな要素です。

深刻な所得格差

こうした数字から、低い所得水準・多額の借金・多額の基地使用料という沖縄経済の実態が見えてきますが、これはほんの一部に過ぎません。もっと深刻なのは、消費実態調査などをもとに推計される所得格差です。

既に述べた通り、沖縄のジニ係数は全国で最悪のレベルです。消費実態調査に基づいて計算した二〇〇九年における全国平均のジニ係数は〇・三一一。この場合のジニ係数は二人以上世帯の実収入に基づいた計算値です。これに対して沖縄県のジニ係数は〇・

三三九でワースト1です。ジニ係数は所得（収入）だけではなく貯蓄現在高（資産）についても算出されています。全国平均は〇・五七一、沖縄県は〇・六九九。これも沖縄県がワースト1です。沖縄県は所得というフローで見ても、資産というストックでも見ても、全国で最も格差の大きい県ということになります。

ただ、ジニ係数は数学的処理（確率密度関数）を施している関係でわかりにくいので、より具体的な年収階層別家計分布を調べてみました（原数値は二〇一〇年度家計調査）。

それによれば、沖縄県における年収三〇〇万円未満の家計は五〇・一四パーセント。半数の家計が年収三〇〇万円未満ということになりますが、これは全国で最も高い（＝悪い）数値です（全国平均は二六・〇三パーセント、最低は福井県の一四・三九パーセント）。反対に年収六〇〇万円以上の家計は一九・四八パーセントで全国最低となっています（全国平均は三五・三〇パーセント、最高は富山県の四三・七八パーセント）。

労働力調査（厚生労働省／二〇一二年度）はもっとシビアな結果を示しています。それによれば、沖縄県における雇用者報酬二〇〇万円未満の雇用者の雇用者全体に占める比率は五一・七五パーセントで全国最高値です（全国平均は三五・五五パーセント、最低は東京都の二七・七五パーセント）。他方、報酬五〇〇万円以上の雇用者の比率は九・五四パーセントと全国最低値です（全国平均二〇・二七パーセント、最高は東京都の二八・五八パーセント）。平均的に所得が低いことも問題ですが、「収入の低い多数派と収入の高い少数派が構成する社会」という実態は、やはり不健全だといわざるをえないでしょう。「沖縄＝貧富の差が顕著に存在する地域」ということになるからです。

公務員は沖縄の富裕層

では、「収入の比較的高い豊かな少数派」は、どのような属性の人たちによって構成されているのでしょうか。これについてはとても興味深い事実が浮かび上がってきます。

沖縄県では「夫婦で公務員なら（高級住宅地である）首里に豪邸が建つ」といわれることがあります。そうした人たちが実際に存在することも個人的に知っていますが、夫婦で公務員あるいは親子で公務員という家計がどのくらいあるのかを明らかにするデータは皆無です。一般に、相対的に経済力の弱い県の場合、公務員の所得が民間の所得よりも相対的に高くなることは知られています。そこで、公務員の雇用者報酬と民間の雇用者報酬を年収ベースで比較してみました（二〇一〇年度労働力調査および同年度公務員給与実態調査をもとに推計）。

沖縄県の場合、雇用者一般の平均月額報酬は二四万八八〇〇円。これに対して沖縄県の地方公務員の平均月額報酬は四一万一三〇〇円。公務員の報酬を雇用者一般の報酬で除してみると一・六五という数値が算出されます。これは、公務員は一般雇用者の一・六五倍の月額報酬を得ていることを意味します。全国平均は一・二二で、沖縄県は全国でもっとも高い数値を示しています（最低は神奈川県の一・二二）。これを「公民給与格差率」と呼べば、沖縄県は最悪の公民給与格差を持つ県です。

計算上、雇用者一般の報酬総額には公務員の報酬も含まれますから、本来なら公務員の報酬を雇用者報酬総額から控除して計算しなければなりません。これ以外にボーナスもあります。さらに地域に在住する国家公務員の給与も勘案して計算しなければならないでしょう。つまり、厳密に計算すれば、より大きな格差が示されることになります。

筆者の推計では、この場合の沖縄の格差率は最大で二・六七となります。既存の公表データからは公務員の年収計算が正確にできない仕組みになっていますので、この数字は仮の計算にすぎませんが、一般の雇用者の約二・七倍の報酬を沖縄の公務員が得ているのが実態だとすれば、この格差の放置は大きな問題でしょう。

さらに、県民雇用者報酬全体に占める公務員人件費も調べてみました。これについては、県民経済計算と各自治体の公務員人件費支出、国レベルの公務員人件費支出（自衛隊員など特別職も含む）といった歳出データを利用しながら推計しています（データは二〇一〇年度）。加えて、公務員ではありませんが、国から支出されている米軍基地従業員の給与もここでは公務員給与に準ずるものとしてカウントしました（データは二〇〇九年度）。算出された数字は、所得（報酬）という側面からみた公的部門のシェアを推計した値ということになります。

それによれば、沖縄県は二三・七五パーセントで一位。全国平均は一一・七四パーセント、最低は神奈川県の七・六六パーセントです。これに対して沖縄県在住の地方公務員と国家公務員（特別職含む）の総数は約四万七〇〇〇人（推計）。米軍基地従業員約九〇〇〇人を加えると、その合計はおよそ五万六〇〇〇人です。この五万六〇〇〇人が沖縄県の雇用者総数五二万人に占める比率は一〇・七パーセント（全国平均六・四パーセント）。つまり、雇用者総数の約一割しかいない公的サービス従事者が、県民雇用者報酬総額の約四分の一を受け取っていることになります。

こうした推計値から、「貧しい多数派と豊かな少数派」が構成する沖縄において、豊かな少数派を代表するのが公務員であることは誰の目にも明らかになってきます。先に触れたように、その数は米軍基地従業員も含めると約五万六〇〇〇人。これを「政府サービス業」という産業とみなせば、沖縄では卸小売業八万六〇〇〇人に次ぐ二番目に大きな産業になります。その規模は、建設業五万三〇〇〇人、宿泊サービス業四万八〇〇〇人を凌ぎます。しかも、どの産業よりも安定的な〝売上げ〟(税収＋政府補助金)を誇る産業といえます。県民も公務員という身分が安定し、収入が相対的に高いという事実を熟知しているのでしょう、公務員採用試験の競争倍率を見ると一八・一倍と全国一の水準(県職員採用試験の場合)となっています。

沖縄の公務員の月給は高いから引き下げるべきだ、という単純な話をしているのではありません。公務員給与の引き下げは民間賃金の引き下げをもたらす可能性が強いので、そんなことは迂闊に主張できません。そうではなくて、所得・収入の公民格差を「公」と「民」が正しく認識しているのか、産業化した「公」の現状を「公」自身が的確に把握しているのか、自分たちの提供するサービスが県民の納得する水準にあると考えているのか、という問題提起をしたいのです。もちろん、これは沖縄県固有の問題ではありませんが、沖縄県にとくに象徴的に現れている問題です。「民」に対する「公」の優位が、これほどはっきりしている地域は類例がありません。

こういう数字を持ち出すと、「沖縄の公務員の給与は全国一低い」とか「人口当たりの公務員数は島根県や鳥取県のほうが多い」とか「ここ一〇年余りで、一〇パーセント以上の公務員給与引き下げが行われている」といった反論も行われるでしょう。しかしながら、ここでは他県との比較や公務員給与の引き下げを論じているわけではありません。あくまでも県内における公民の格差を問題にしているのです。何よりも公民格差の存在を正しく認識することが出発点です。では、沖縄の公務員層は、どうしてこれほどまでに優遇されているのでしょうか。その歴史的経緯を見ていきましょう。

百姓二人が士族一人を養った琉球時代

沖縄が日本本土と異なる歴史を歩んできたことはよく知られています。一六〇九年に薩摩藩が徳川幕府の許可を得て琉球に侵攻し、琉球は薩摩藩の支配下に置かれました。独立国の体裁は残されたものの、薩摩藩は那覇に御仮屋（在番奉行所）を設置し、王府の政治や外交など主要な政策をコントロールしました。琉球の側も鹿児島に出先機関としての御仮屋（琉球館）を設置し、ことあるごとに薩摩藩にお伺いを立てていましたが、内政の大半は琉球の自治に任されていました。

琉球内部の身分制の確立も薩摩侵攻以後のこととされますが、侵攻以前からの慣行なども尊重され、本土の「士農工商」の四層制とは異なる「士」「農」二層の身分制が設けられました。士族（サムレー）は王府の役人であり、百姓（ハルサー）は公租公課を収める一般大衆でした。士族は町方（都市）に住むのが原則で、居住地によって首里士族、久米士族（中国系移民の子孫）、那覇士族、泊士族と呼ばれました。士族は家譜と呼ばれる家系図を作成し、系図座という役所に届け出ることが義務づけられ、系図座の修正・承認を得て、士族の身分を保っていました。有給の士族と無給（無役）の士族がいました。無給の士族のなかには、商人や職人を兼職する者や、間切と呼ばれる田舎で百姓暮らしをする者もいましたが、厳しい公租公課は免れることができました。

ここでとくに取り上げたいのはその士族の人口です。本土の場合、「士」身分の武士は、家族を含めて人口全体のせいぜい七パーセント程度でした。これに対して琉球の士族は、首里士族三万七五一四人、久米士族八四二二人、那覇士族九五八五人、泊士族四一六四人の計五万九六八五人（家族含む／一八七三年の調査）。当時の琉球の人口は一六万六七八二人ですから士族の構成比はなんと三五・七九パーセントにも上ったことになります（人口の半数が士族階級だったとする研究もあります）。自営自活の士族が部分的に存在したとはいえ、人口の六割余りのハルサーが三割余りの士族を養っていた、つまり百姓二人が士族一人を養っている、という構図になります。

琉球史では薩摩による琉球の〝搾取〟がしばしば問題になりますが、琉球内部のサムレーによるハルサーの構造的搾取（あるいは支配）のほうが、より深刻だったと考えて差し支えないと思います。「公務員の優位」という沖縄の特徴は琉球王朝時代に出発点があったのです。

革命的な公務員改革だった「琉球処分」

王政・王朝を廃し、琉球を強制的に日本に編入した「琉球処分」（一八七二〜七九年）は沖縄県民にとって屈辱の歴史だとされています。「本土による沖縄差別の出発点」と主張する人もいます。この「琉球処分」をよりわかりやすい言葉で説明すれば、沖縄バージョンの「廃藩置県」です。それが明治政府によって強行されたという点を捉えて、「屈辱」や「差別」という厳しい言葉が向けられていることになります。「処分」という言葉には、琉球側が明治政府の度重なる「廃藩置県」の要求に応じなかったという懲罰的な意味がこめられています。たしかに琉球国が一八七九年に日本に吸収されたという事実に相違はありません。これを「日本による沖縄の植民化」と表現するのも妥当です。が、歴史的に評価すれば、琉球の植民化は二段階に分けられます。

先に触れた一六〇九年の薩摩侵攻が植民化の第一段階です。これによって琉球国は薩摩藩（日本）の属領になりました。対中関係を考慮して、形式的には独立国でしたが、琉球国の政治的・外交的意思決定は薩摩藩が幕府と相談しながら下していました。「琉球は日中両属だった」という主張もありますが、それは誤りです。王府が「文化的」に中国に近づく政策を採ったことはたしかですが、それも薩摩藩・幕府側の要求が出発点であり、日常的な政治・外交のコントロールは薩摩藩によって行われていました。

植民化の第二段階が琉球処分＝琉球版廃藩置県です。これによって日本による琉球の植民化は完成しました。「廃藩置県」（一八七一年）は明治政府による壮大な改革のひとつでした。藩を廃し府県を置くことは、近代的な中央集権システムを確立し、富国強兵を推進するために不可欠だと明治政府は認識していました。藩を廃すということは、藩に雇用されていた士族を解雇することでもあります。秩禄処分（一八七六年）と相まって、多くの士族が職を失いました。今ふうにいえば失業です。明治政府に役人として再雇用される旧士族は一握りでしたので、士族のなかには猛反発する者もありました。その一部は不平士族となって西南戦争のような内戦も起こりました。

集権制の確立に際してもっとも抵抗が強かった地域の一つが琉球でした。属領とはいえ、形式的には独立国であったものが、明治維新をきっかけに日本国の琉球藩になり、それが今度は沖縄県になってしまう。琉球士族はあわてふためき、近代化のための改革に対する「抵抗勢力」となったのです。先に触れたように士族の比率が本土の約五倍（人口比で約三六パーセント）もあった琉球だけに、その抵抗は他の地域よりも強力でした。既得権を失うことへの恐怖が彼らを抵抗運動に駆り立てた最大の理由だったといってもよいでしょう。

これには明治政府も手を焼き、当初は説得工作も行いましたが、最終的には武装した警察官を送りこんで廃藩置県（琉球処分）を実施するという強硬手段に出ました。本土に遅れること八年。一般大衆のなかにも士族と同調して明治政府に反対する者もいましたが、「民が公を養う」という経済的な構造に嫌気がさしていたハルサーも多く、彼らは琉球処分を歓迎したといわれています。琉球処分は、まさに本質的・革命的な身分制改革であり、公務員改革であり、行財政改革だったのです。

ところが、この改革は中途半端に終わりました。本土では地租改正（一八七三年）と秩禄処分が行われ、士族の特権は完全に失われましたが、沖縄では琉球処分後も士族の経済的特権（秩禄・俸給）は温存・継続されたのです（旧弊温存策）。

王政は廃されたものの、不平士族を懐柔するために彼らの封建的な経済基盤はそのまま放置され、一般大衆は琉球処分後も重税に苦しみました。日中・日韓関係および欧米列強との関係を見据えて富国強兵を急ぐ明治政府は、琉球士族の抵抗に時間と労力を割くのを回避するため、まずは琉球の日本への編入を急ぎ、琉球の体制内矛盾である支配・被支配関係（サムレーがハルサーを搾取する関係）の解決は先送りしたのです。明治政府による「奴隷解放」（伊波普猷《いはふゆう》の言葉）に期待した沖縄の大衆は期待を裏切られただけではなく、王政がなくなっても重い公租公課は続きました。

王族・士族の収入の源泉となっていた税制や土地制度が最終的にあらためられたのは一九〇三年のことです。新潟県出身で宮古島在住の中村十作と宮古島島民・平良真牛ほか四人の農民代表が宮古島から東京に上って、帝国議会に不当に重い税を訴えたことが改革の一助となったといわれています。明治維新から三五年、琉球処分から二四年。その間、先島（宮古・八重山地方）の農民たちは一七世紀に遡る悪税である人頭税に苦しみ続けました。封建的な税制・土地制度の改革がこのように遅れたことが、現代沖縄の経済的遅れの遠因にもなっています。

　琉球処分を、王朝・王府・士族という立場から見れば、たしかに植民化の完成であり、差別と屈辱の歴史という位置づけになるでしょう。けれども、封建制の解体という視点から見れば、琉球処分は、外部から与えられた近代化の重要な機会として位置づけられます。ただし、士族の特権を残すなど改革は不十分で、沖縄の近代化のプロセスに負の遺産も残してしまいました。公務員というある種の支配階層が今も特権的な力を持つ沖縄の現状も、その負の遺産の一部といえるでしょう。

　沖縄が、「公」に偏重した経済・社会であったという歴史的事実は、米軍統治下でも確認されます。一九七〇年の沖縄（琉球）における公務関係の職員の概数は、琉球政府職員一万六〇〇〇人、市町村等職員八〇〇〇人、警察官三五〇〇人、教員一万人、公社等職員三〇〇〇人の約四万人に上ります。当時の就業者数は約三五万人ですから、その比率は約一一・四パーセントとなります。一九七〇年当時の本土における就業者数に占める地方公務員数比率は約四・七パーセントですから、沖縄の数値がいかに高いかよくわかります。沖縄には公務員と別に米民政府（米軍）に直接雇用されていた労働者が約三万人いましたから（米兵家庭で雇われたメイドなど間接雇用を含めると六万人超）、公務部門の雇用者は計約七万人（間接雇用を含めると約一〇万人）。雇用者全体に占める比率は約二〇パーセント（間接雇用を含めると二八・六パーセント超）になります。沖縄本島全体が「基地のなかに町がある」といわれた米軍統治下ですので単純な比較はできませんが、公務部門に関わらなければ仕事はないという「公」に偏重した経済・社会だったことは明らかです。

一九六〇年代以降の復帰運動においても「公」優位社会の要素が見え隠れします。復帰運動の主役は教員を中心とする公務員でしたが、彼らのなかには本土復帰による給与のアップとより安定した身分保障を期待して運動に参加した者も少なからず存在しました。公立学校の教員を例にとれば、復帰によって三〇パーセント以上の賃上げが期待できたのです。

駐留軍労働者は、本土より低く抑えられていた給与のアップを期待する一方で、復帰を契機とした基地削減による大量解雇という不安も大きく、複雑な思いを抱えていました。一般の雇用者のなかには米軍統治の継続を望んだ者も多く、復帰に際して経済的には期待と不安が混在した状態でした。復帰によって確実に経済的な待遇が改善されるとわかっていたのは公務員だけだったのです。米軍統治という重荷からの解放が復帰運動の最大の動機でしたが、公務員の経済的な動機が復帰運動に与えた影響も無視できません。この点は滅多に語られませんが、復帰運動の主役が、現在の基地反対運動と同様、公務員だったこと、そして、その公務員の経済的な動機がこの運動を推進したことは、やはり留意しておくべきでしょう。

沖縄県にとって最大の経済的な課題は何よりも「貧困」にあります。が、この問題をさらに掘り下げてみると、①所得（雇用者報酬または労働分配）が公務員に偏在している、②所得上の著しい公民格差が存在する、③政治的な影響力のある公務員が経済的イニシアティブも握っている、④結果として「民」優位ではなく、琉球王朝以来の「公」優位の経済社会が温存されている、といった問題点が浮き彫りになります。失業率や沖縄を悩ます他の経済的・社会的課題の大部分も「公」優位の、言い換えれば「公が支配する社会経済体制」に起因すると考えてよいでしょう。

基地問題だけに目を向けて、公務員によるこのような「支配体制」から目をそむけているようでは、現状はけっして改善されません。

第六章　本土がつくったオキナワイメージ

沖縄の声を支える本土の知識人

「戦争と基地のかわいそうな島」というイメージをつくったのは本土の新聞とテレビと出版社です。この悲劇のイメージは基地を減らすことに全く役に立っていません。振興策を政府から引き出す道具としては大いに役立っています。「反戦・反基地」の主張は本土のマスコミにとって大事でしょうが、振興策によって沖縄の生活が破壊されるとすれば犯罪的ですらあります。

「戦争と基地の島」「自然の楽園」というイメージは沖縄の一面であり、一種の幻想です。この沖縄幻想を支えているのが本土のマスコミや沖縄フリークの学識者です。この構図が沖縄問題をややこしくしています。

沖縄を差別したとされる「舌禍事件」は過去何度もありました。本音を言うと「差別発言」と沖縄が怒りの声を上げ、それに本土のマスコミや知識人も同調し、声を増幅させます。結果、その声を抑えるために税金を注ぐことになります。つまり、たまに表面化する「差別発言」と、その発言を問題視して騒ぐ本土のマスコミや知識人の沖縄への同情は、税金還流システムを効率的に稼働させるための「燃料」のような働きをしてきました。鳩山由紀夫首相の「辺野古回帰発言」は、これまでで最も効果的な燃料でした。一九七二年以降の日本と沖縄の関係は結局、このシステムをいかにフル稼働させるかに腐心した四〇年間だったと思います。そして、沖縄を食い物にするこの理念なき税金還流システムを成立させている要因が二つの「沖縄信仰」です。

一つは、日本で最も戦争の醜さと平和の大切さを知る「絶対平和主義者・沖縄」という信仰。もう一つが、沖縄は癒しのパワーであふれているという「自然と文化の島・沖縄」という信仰です。このイデオロギーと文化の硬軟両面の沖縄至上主義をつくってきたのが、本土のメディアと知識人です。戦争で迷惑をかけた、基地を押し付けて申し訳ない。そういう本土の後ろめたさが、沖縄を実態以上に持ち上げる「沖縄至上主義」をつくってきたのでしょう。私もやりました。この沖縄報道は自立を妨げました。振興策を支え、自治力を破壊し、沖縄の市民政治を弱体化させてきたと思います。

本土のマスコミがいかに「沖縄」を多く取り上げるかをデータで確認してみましょう。記事検索システムの「日経テレコン」で、二〇一二年の一年間に全国紙とＮＨＫが「沖縄県」を含む記事をどれだけ報じたかを調べました。人口と県内総生産が沖縄とほぼ同じでいずれも米軍基地を抱える「青森県」、「長崎県」と比較してみます。

	青森	長崎	沖縄
朝日	四五八七	五二三八	二〇五四
読売	五二九七	五七〇五	二九二三
毎日	一二一〇	一三九五	三三三三
日経	四九六	二七六	一四八〇
ＮＨＫ	五七五	三一八	二〇〇一

朝日、読売の二紙を見ると、少ないと思われるかもしれませんが、これは先に書いたように、全国で沖縄だけは県版がないことを考えると非常に多い数といえます。毎日の

「沖縄好き」はちょっと異常です。朝、読、毎とも青森と長崎の多くは県版に載った記事ですが、沖縄の記事は一面、政治面、社会面の全国記事として載っています。日経の沖縄報道が青森、長崎に比べて突出しているのは、全国紙で日経だけが「沖縄社会面」「沖縄九州経済面」という地元向けの紙面をつくっているためです。注目すべきはNHKです。NHKは三県とも地元の放送局が地元に密着した番組をつくっていますが、沖縄放送局は他二県に比べ圧倒的に多くの番組を流しています。これは、「受信料の支払いが全国一低い沖縄に配慮した受信料対策」（NHKの記者）という面があります。

大江・筑紫的沖縄観を自ら振る舞う沖縄人

琉球史研究の第一人者で副知事でもあった高良倉吉氏が、こんなことを言ったことがありました。

「いつのまにか、沖縄人は大江健三郎と筑紫哲也が言う被害者沖縄のイメージ通りに振る舞うクセが付いてしまった」

その後、「沖縄が自立できないのは筑紫哲也のせいだ」という言葉を、戦後六〇年の取材をしている中で地元の複数の人から聞きました。

筑紫氏は、六月二三日の慰霊の日には必ず『ニュース23』を沖縄から放送していました。そこで筑紫氏が強調したのは「今も続く沖縄の痛みと怒りを理解しないといけない」「少数派の声にきちんと耳を傾けるべきだ」ということです。これはその通りだし、とても大事なことです。同様の主張は大江氏が『沖縄ノート』（岩波新書）の中で強調しています。そして沖縄の人たちの中に、この「大江・筑紫的沖縄観」を本土人に持ってもらいたいという気持ちがあるのも事実です。沖縄に赴任する記者はみな「大江・筑紫的沖縄観」の呪縛にとらわれます。

ところが、この沖縄観が県内でも定着し、戦争も基地も被害者の視点だけで語り、自立に向けた議論を阻む。「日本は何とかしろ」という依存体質、陳情文化が一般人にも蔓延《まんえん》したと、高良氏は解説してくれました。

「戦争と基地の島」という幻想

沖縄でタクシーに乗っていて驚くのは、ベトナム戦争時代を運転手さんが懐かしそうに話すことです。ベトナム戦争が終わった知らせを聞いて泣き出す人もいたほどだといいます。ベトナム戦争時代の「夢のような活況」にまつわるエピソードは山のようにあります。そこには、反戦平和思想とは別の本音が見えます。

二〇〇九年、戦争と平和をテーマにした企画展から特定の作品が県立博物館・美術館で相次いで除外される、という事件が起きました。判断したのは副知事から初代館長に天下りした牧野浩隆氏です。牧野氏はまず、昭和天皇の写真をコラージュした大浦信行氏の作品を外しました。地元紙の取材に、牧野氏は作品を果物に例えながら「痛んでいる果物があって、外してはどうかと言ったら先方が外すと決めた」と答えました。

さらに、牧野氏は、沖縄を代表する報道写真家である石川文洋氏の写真展「戦争と人間」に出品された代表作「飛び散った体」を展示から外しました。この作品は、砲撃を受けたベトナム人兵士の頭と腕がかろうじて軍服にくっついている死体を、米兵が片手で持ち上げている写真です。

私は小学生の時、「少年朝日年鑑」に掲載されたその写真を、ドキドキしながら一人で何度も図書室に見に行ったものです。戦争に対する嫌悪感を決定的に刻み込んだ、その写真がきっかけで石川氏の作品に興味を持ち、ベトナムで一緒に取材していた朝日新聞の本多勝一氏の戦争ルポも読むようになり、私は新聞記者を目指すようになりました。

牧野氏は「人間の尊厳や倫理にかかわる問題がある」として、展示スペースに「館長の判断により非展示とする」という張り紙をし、その写真を外したのです。この一連の措置には、主に県外の美術関係者から批判の声が上がったのですが、興味深いのは、このあからさまな権力による表現への弾圧が、沖縄の社会ではほとんど問題視されないことです。県当局のやることに目くじらは立てません。

同様のことが二〇一二年にも起きました。沖縄戦の拠点となった第三二軍司令部壕跡に設置する説明板の文章から、「慰安婦」と「住民虐殺」の記述を県が勝手に削除したのです。仲井眞知事は県議会で「書かないのが常識」と発言しました。歴史教科書の文章から日本軍の集団自決への関与を弱める指導を文部科学省がした時は、大規模な県民大会まで開いて県幹部も抗議したのに、同じことを県当局がやったわけです。

被害を受けながらも米軍に気兼ねしたり、戦争の遺体写真を排除したり、日本軍に都合の悪い表現を削除したりする事なかれ主義はどの県でもあるでしょう。私の関心は、それが「反戦・平和」のイメージがことさら強い沖縄で起き、しかも話題にならないことです。大田昌秀元知事の沖縄戦や基地に関する本を読むと、貫かれているのは平和思想というよりは「こんな沖縄に誰がした」という反日思想です。そう思っていたら大田氏は二〇一〇年に本当に『こんな沖縄に誰がした』（同時代社）という本を出版しました。

朝鮮、ベトナム、湾岸、イラク、アフガニスタンというアジアでの戦争の出撃拠点とされたことから自然に生まれるはずの反戦・平和思想のエネルギーが、反日思想に転換されてしまったのではないか。そんなことを沖縄にいる間ずっと感じていました。

「自然の楽園」という幻想

「自然の楽園」というイメージも間違いではありませんが、実は自ら自然破壊を行っていることは、あまり知られていません。世界的にも貴重なサンゴの海と島北部の森林を、主体的な意思で破壊し続けているのです。本来、自立にとって欠かせない沖縄ならではの資源が、自然であるはずです。これ以上、自然破壊を続けたら観光産業は崩壊します。ところが、その自覚がありません。

沖縄の行政、経済界、マスコミにとって現在の最大の関心事は那覇空港の増設です。空港の後背地に広がる自然海岸である大嶺海岸を埋め立てて、もう一本滑走路をつくることは「県民の総意」（仲井眞前知事）です。空港の過密状態を緩和して沖縄観光の拡大を図る目的ですが、那覇空港は陸海空の全自衛隊が共用している軍事基地です。県民は軍事基地を増やし、海を埋め立てることに「総意」で賛成しているのです。増設に反対しているのは、沖縄大学元学長の桜井国俊氏や弁護士会の一部などごく少数派です。

国内の人気ビーチのランキングを見ると沖縄の海がほぼ独占しています。それだけ愛されている貴重な海を、沖縄の支配階級はどうしても埋め立てたいのです。沖縄島には、すでに三八カ所も人工ビーチがあります。生き物の気配がない砂浜に変わり続けています。

その代表格が沖縄市の東海岸で進んでいる泡瀬干潟の埋め立てです。この南西諸島最大の干潟にリゾート施設を造る計画は、裁判所が「経済合理性がない」として公金の支出差し止めを命じたにもかかわらず、「市民の夢のプロジェクト」（東門美津子沖縄市長）だとして、計画を縮小して埋め立てを続けています。沖縄は県土に占める埋め立て面積が全国で最も多い県ですが、観光資源である美しい海を自らつぶすのは、建設、土木、砂利、コンクリート、建設資材、運送業など裾野の広い建設業界で生計を立てる県民が多いためです。

沖縄の北部でも大規模な破壊が進んでいます。前述した伊藤嘉昭氏の『沖縄の友への直言』は、補助金による自然林の皆伐と赤土流出の問題を指摘しています。

「やんばるに残る自然林の六〇パーセントがこの中（北部訓練場）にある。これに対し、西側、『日本側』の森は沖縄復帰後、政府の補助金でどんどん伐採され、（中略）『育成天然林整備』という不思議な補助金事業で、自然林の下層の植生（幼樹、灌木、下草）を完全に刈り取ってしまうということが行われている」

そして、ノグチゲラやヤンバルテナガコガネなど「やんばるの貴重生物の多くは、海兵隊演習地の存在でようやく生き延びているといえる」と指摘します。森林の下生え刈りは赤土を流出させ、サンゴ礁も傷めます。伊藤氏によれば、森林の下生え刈りは地域住民に日雇い賃金を与える以外のメリットはなく、「このような収入を当てにして多くの生物を絶滅させるいまのやり方が正しいのだろうか？」と書いています。

埋め立て工事と森林破壊が県民の生活を支えているから保護が進まないのです。基地は減らしたいけど県民の生活を支えているから減らせない、という基地問題の構図と同じです。ここまでは誰でもわかります。問題は「ではどうしたらいいか」ということです。

自然保護と基地縮小という沖縄の課題にとって最も重要なことは、無駄な森林の造成や埋め立てや基地建設に頼らなくても、建設・土木業者とその家族が食べていける具体的なアイデアを提示することです。これができない限り、大票田でもある土建業界を見捨てられない政財界と行政は埋め立てと林道建設にこだわり続けます。前出の桜井元学長の提言は大変参考になります。雨水タンクの設置や親水型護岸への改修工事のアイデアは、説得力のある基地反対運動であり自然保護運動だと思います。

「応援しよう」という根本的な傲慢

沖縄への後ろめたさは、民間レベルの支援も生んでいます。本土のマスコミ関係者らが呼びかけた名護市への「ふるさと納税制」による支援もその一つです。本土から名護市に納税することで市の財政を支えようという試みなのですが、こうした外からの支援は振興策に頼らない自立の精神を弱めてしまうのではないでしょうか。

中心地の商店街にあるモスバーガーでさえ撤退してしまう今の名護市が、振興策と決別することがどれだけ困難なことか。「応援しよう」と言いながら自立を邪魔する。こういう善意ほど、たちの悪いものはありません。善意に甘える姿勢が自立心を奪うからです。そんなことを繰り返してきた四〇年間ではなかったのか。沖縄をいつまでも子供扱いしてお金を注ぐこういう人たちは、本当は沖縄の自立など、どうでもいいのではないかと思います。沖縄への贖罪意識からの解放と自己満足が本当の目的ではないのか。

沖縄の周辺にはそういう人たちが多すぎます。

余計なお世話はせず、沖縄の人たちに任せる。どうしても関わりたい時、支援したい時は、沖縄観光に行くか沖縄産のものを買い、きちんと対価としてお金を落とす。これで十分ではないでしょうか。「沖縄を助ける」とか「沖縄のために」などという不遜で傲慢なアプローチではなく対等に接するべきです。過度な振興策や民間の支援は、自身の努力でお金が島に落ちる当たり前の経済活動の仕組みを破壊し、自立心と創造力を奪うだけです。だからこそ、振興策を生み出す基地を本土並みに減らさなければならないのです。これ以上、本土側の自己満足のために沖縄を利用すべきではありません。ビジネス以外の特別な支援をすることは、根本的に沖縄を侮辱していると思います。

第七章　「沖縄平和運動」の実態と本質

普天間基地ゲート前の示威行動

オスプレイの沖縄配備が大きくクローズアップされた二〇一二年春頃、配備先である普天間基地の野嵩ゲート（第三ゲート）前には、連日「NO」というプラカードを掲げた人たちが集まって「オスプレイ反対」の示威行動を行っていました。中にはゲート前を通る県道八一号線にまではみだして、通行する車を通せんぼするかのようにプラカードを大きく振る人もいます。週末には若者も集まりますが、平日の参加者の大半は一目で高齢者とわかる人たちです。

三月某日、七〇歳前後と思《おぼ》しき、たくましく日焼けした男性に話しかけてみました。

「たいへんですねえ。毎日こちらに来られて旗振り役を務めておられるんですか？」

「毎日じゃないけどね。週に三日ぐらい、朝七時すぎから夕方五時頃までここにいるよ。途中で帰ることもあるがね」

「暑い日も雨の日も、ですか？」

「お日様がカンカン照ろうが、雨が降ろうが、体調が悪くないかぎりは行くよ」

「お仕事を休んでまで、こちらに？」

「私はね、もともと教員で退職して時間があるから協力できる」

「あちらで声を張り上げている元気な女性は奥さんですか？」

「とんでもない（笑）。あの婆さんは元公務員。南部のほうから通って来ちょる」

「元教員とか元公務員の方が多いんですね？」

「普天間に率先して来るのは組合を支えてきた人間ばかりだからね。今は年金暮らしだけど、この年でもお役に立てるなら頑張らんといかん」

「テレビのニュースなんかを見ると、若い人たちもたくさん来ているみたいですが？」

「若い連中は土日や休日だね。東京や大阪からも来る。組合とはあまり関係ない市民運動の活動家が多いけどな」

オスプレイが岩国基地から普天間基地に移される一〇月一日を目前に控えた九月二九

日には、この野嵩ゲートも含めた普天間基地の主要ゲート三カ所が「市民」の実力行動によって封鎖されました。九月三〇日午後には、ゲートを封鎖していた市民や車を警察が排除しましたが、このときの騒然とした模様は全国版のニュースでも大々的に報じられています。オスプレイ配備に対するこうした示威行動・抗議行動の中心にあるのは、山城博治氏が事務局長を務める沖縄平和運動センターです。オスプレイ配備反対運動だけではなく、辺野古移設反対運動など沖縄における基地反対運動の推進力となっている組織として知られています。

沖縄平和運動センター

沖縄平和運動センター（以下、平和センター）とはいったいなんでしょうか。同センターのホームページによれば、加盟するのは連合沖縄傘下の労組と社会民主党沖縄県連合、沖縄社会大衆党など二六団体。自治労沖縄（全日本自治団体労働組合沖縄県本部）、沖教組（沖縄県教職員組合）、沖縄国家公務員労働組合など公務員系の組合が主力です。大規模な民間労組がない沖縄では、労組といえば自治労沖縄、沖教組など公務サービス関係の労組を指しています。

設立は一九九三年。社会党系（現在の社会民主党）の護憲反安保県民会議と原水協の反戦平和運動を統合・再編成することによってスタートしています。「原水協」といえば、一般には日本共産党系の原水協（原水爆禁止日本協議会）を意味しますが、ここでいう「原水協」は「原水禁」（原水爆禁止日本国民会議）の沖縄支部にあたり、社会党系の団体です。共産党系の原水協と社会党系の原水禁は一九六五年に分裂していますが、沖縄の場合、社会党系団体は、分裂後も「原水協」という呼称を変えませんでした。紛らわしいことに、沖縄では一九九三年まで、ふたつの「原水協」が存在したことになります。

平和センターは、実は日本における反戦平和運動の最大の拠点でもあります。現在の日本には「反戦平和」をスローガンに掲げて大規模な集会やデモを組織し、ときには実力行動に訴える能力を備えた団体は他に存在しません。彼らは地元メディアだけでなく中央メディアのヘッドラインまで決め、沖縄県政はもちろん中央政界の意思決定にまで大きな影響を及ぼしています。広島や長崎の平和運動が形骸化しつつあるのに対して、沖縄では平和センターを中心として、現在進行形でありつづける努力が重ねられているのです。

平和センターのこうした位置づけを理解するためには、少し説明が必要です。戦後日本の反戦平和運動は、一九五〇年代以降、総評（日本労働組合総評議会）などの労働組合が主役でした。当時最大のナショナルセンター（労働組合連合）である総評は、反米・反安保の立場を鮮明にしていました。反米・反安保・護憲を党是とした社会党など政党とのつながりも強かったのですが、デモや集会の現場では労組の赤旗がはためき、地域や職場ごとに学習会や討論会も盛んに行われました。

日米安全保障条約の改訂・自動延長が問題になった一九五〇年代末から七〇年代初めにかけての一時期は、学生団体の存在感が急速に高まりました。

彼らは労組以上に反米・反安保の立場を鮮明にし、やがて新左翼を自称しました。暴力革命をも視野に入れた激しい活動を展開するグループまで登場したため、労働条件をめぐる闘争も抱えた労組の運動は、学生とは一線を画すかたちで進められました。

が、七〇年安保以後、学生の反戦運動は急速に萎んで、労組主体の反戦平和運動が再び主流になります。総評傘下の反戦平和運動は、元来、社会党主導の原水禁運動や護憲運動に束ねられることが多かったのですが、一九七三年のベトナム戦争の終結とともにその傾向は加速します。

一九八〇年代に入ると労組の組織率低下が深刻となり、日本電信電話公社を始めとする公社の民営化が進んで公民の垣根が崩れ始めると、ナショナルセンターの再編が大きな課題となっていきます。一九八九年には、総評系が同盟系（全日本労働総同盟）に合体して、あらたなナショナルセンターとして連合（日本労働組合総連合会）が設立されました。連合は同盟の活動方針を基本とした組織体です。つまり、「日米安保堅持」であり「自衛隊容認」の労組連合です。

この方針は、総評が四〇年近くにわたって力を注いできた反戦平和運動（＝反米・反安保運動）とは明らかに対立し、総評傘下の各地の活動組織は大きく動揺しました。

こうした状況を受けて、一九八〇年代終わりから九〇年代にかけて各地の反戦平和運動の活動組織は完全に「労組外」に置かれることになりました。労組内組織に留まると、連合の「安保堅持」という方針と大きく矛盾してしまうからです。資金は労組が提供し、自治労、日教組などの労組幹部がその役員も兼任しますが、活動組織はあくまでも労組から「独立したもの」とされ、地方の原水禁運動、護憲運動などの活動組織はこの方針に基づいて次々に再編されました。各地の「平和運動センター」（地域により名称が異なることもある）はその産物だったのです。

平和センターもこうした経緯のなかで誕生しましたが、その扱いは当初から別格でした。というのは、他地域と違って、沖縄には米軍基地という「現場」が集中していたからです。もちろん、東京、神奈川、山口、長崎などにも米軍基地は存在し、基地を対象とした運動も展開されていましたが、デモや集会の動員力は低く、年々衰退する一方でした。騒音訴訟などを除くと、日常的な活動もほとんど行われなくなりつつあったのです。が、一九五〇年代以降の激しい基地反対闘争や祖国復帰運動のなかで培われてきた沖縄の反戦平和運動は健在でした。もはや、沖縄だけが「反安保」「反戦」「反米」というスローガンを正面から掲げられる地域となっていたのです。

基地反対運動を動揺させた普天間基地返還合意

沖縄のこうした「優位性」を最終的に決定づけたのは、皮肉にも一九九四年に誕生した社会党首班の村山富市内閣です（自民、社会、さきがけの連立政権）。村山首相が誕生した途端、社会党は、一貫して堅持してきた「日米安保反対」「自衛隊違憲」という党是を、あっさりと降ろしてしまいました。「日米安保堅持」「自衛隊合憲」という立場への転換です。もちろん、社会党内部も大混乱し、離党や分党が相次ぎます。総評が解散し、社会党が一八〇度転換するという事態を前に、ただでさえ衰退しつつあった反戦平和運動は存在意義そのものを問われかねない窮地に追いこまれたのです。

一九九四年のこの時点で、沖縄の米軍基地反対運動がとくに高揚していたわけではありません。が、中央政局の激変をよそに、社会党の地方組織は依然として強固で、自治労沖縄や沖教組など公務員の組合を中心とした、つまり、生まれたばかりの平和センターは日常活動を熱心に展開していました。連合や社会党の「ご都合主義」「日和見主義」を苦々しく思っていた旧総評や社会党左派の活動家の関心も、勢い沖縄に集中しました。事実上破綻し、分裂した本土の反戦平和運動は、自らの「破れた夢」を沖縄に託したともいえます。もっと露骨にいえば、旧総評と社会党は、自分たちが放棄した反戦平和運動を沖縄に押しつけたのです。

こうして沖縄は、日本における反戦平和運動の最後の「砦」となったのです。ちょうどその頃（一九九五年九月四日）、海兵隊員二名海軍軍人一名の計三名が、一二歳の女子小学生を拉致した上、集団で暴行するという痛ましい事件が発生しました。一〇月二一日には、主催者側発表で八万五〇〇〇人が結集して事件に抗議する超党派の「県民総決起大会」が開催されました。これは、当時の大田昌秀知事以下、主要な首長や国会議員も参加する大集会でした。復帰後、もっとも大規模な抗議集会になったといえるでしょう。「沖縄の反基地感情はこれまでにないほど高揚している」。誰もがそう思いました。「反戦平和の最後の砦」にふさわしい出来事だった、といえるでしょう。

翌年二月の橋本龍太郎首相とクリントン大統領による日米首脳会談において、橋本首相が「普天間基地の返還」を要求し、四月には日米間で返還が合意されましたが、反基地感情の高揚も日米両政府への圧力として作用したといわれています。また、米兵犯罪の際の日本側の警察権・司法権を制約した日米地位協定の弾力的な運用が始まったのもこの事件がきっかけです。抜本的な改訂には至りませんでしたが、同年一〇月、米兵被疑者は起訴前には逮捕・拘禁されないという特権を、凶悪事件に限って認めないという合意が日米間で形成されました。

しかし、普天間基地返還の合意は、沖縄にとって必ずしも朗報ではありませんでした。というのは、当時は、その見かけ上の盛り上がりにもかかわらず、「基地が返ってこないことを前提とした基地反対運動」（沖縄県の、とある首長が筆者に語った言葉）という性格が強かったのです。基地が返ってくる、基地問題が動くという事態に直面して、沖縄の政界・官界は動揺しました。「ありがた迷惑だ」という陰口すら叩かれました。基地が返ってくるからには跡地の再開発が問題になる。が、既存の跡地の利用計画は机上の空論に等しいものですから見直しが必要になります。加えて、跡地整備のための財源対策、地主対策、自治体自身の財源喪失に対する対策（多くの自治体が基地地主）、自治体間の調整などの難題も解決しなければなりません。

基地反対運動の中軸だった労組も手放しで喜べませんでした。日本の反戦平和運動の旗手として闘っていく、という使命感に水を差されかねない事態でした。それどころか「このまま基地が減っていけば基地反対運動も消滅してしまうのではないか」と真顔で心配する労組の幹部もいました。沖縄の反戦平和運動には「基地返還という目標」が不可欠ですが、基地が継続して返還されれば目標は失われます。先の労組幹部は「反戦平和は沖縄のアイデンティティそのもの。基地がなくなれば沖縄の存在意義もなくなる」とまで言い放ちました。普天間基地返還の合意によって醸成された危機感は、それほどまでに大きかったといえるでしょう。

県民投票はなぜ行われたのか

平和センター（並びに連合沖縄）が、これと同様の危機感を共有していたかどうかはわかりません。が、同センターのその後の行動は、日本の反戦平和運動の歴史に残る活躍でした。「米軍基地の整理縮小及び日米地位協定の見直しに対する賛否を問う県民投票」の実現にこぎつけたのです。その準備は一九九五年一〇月二一日の「県民総決起大会」の翌月から始められ、連合沖縄からの提案・請求として県議会で検討されました。地方自治体の条例に基づく県レベルでの住民投票の実施には先例がなく、手続きには時間を要することになりましたが、最終的には翌年九月八日に実施されることになりました。当時の知事は、連合を支持母体とする大田昌秀氏。大田知事は軍用地貸借をめぐる代行署名（機関委任事務）の拒否に関して国と係争中で、県民投票の提案には諸手を挙げて賛成しました。住民投票は国に圧力をかける一手段になりうると考えたからです。

実施の日が決まると、県と連合は連携して熱心なキャンペーンを張りました。このとき、連合の対策本部が置かれたのが平和センターだったことはいうまでもありません。同センターはさながら住民投票実施本部のような様相を呈していました。当時の地元紙には次のような興味深い記事が載っています。

「『沖縄の痛みを分かちあい、未来を切り開く運動を手助けしたい』――。県民投票まであと一日。一人でも多くの投票参加をと、懸命なPR活動が続く中、県外からも応援の輪が広がっている。沖縄平和運動センターには、全国の十五都道府県から平和問題に取り組む四十八人が訪れ、ちらし配りなどに汗を流している」（琉球新報　一九九六年九月七日付）

これは、連合本部が応援部隊を沖縄に派遣したという内容の記事です。応援部隊の派遣元は自治労や日教組でした。連合は、組織をあげて支援したのです。

「画期的」と連合側が自画自賛した住民投票ですが、投票結果は最初からわかりきっていました。基地縮小に賛成か反対かを問われれば、政治的立場を問わず、「反対」の意思表示をする人は少数です。「あなたは戦争反対という考え方に賛成ですか反対ですか」と問われているのに等しいといえます。真の問題は基地縮小をどのように進めていくか、そして基地縮小に伴う社会的・経済的な打撃をいかに回避するかであって、ほとんどの人が否定できないような目標を再確認することではありません。でも、そんなことは百も承知で、連合は組織をあげて住民投票を推し進めたのです。

今になって振り返れば、このプロセスはきわめて不自然でした。「少女暴行事件→大規模な抗議集会＋知事による代行署名拒否→普天間基地返還の合意」というところまでは理解できる流れです。しかしながら、「普天間基地返還の合意→基地縮小の賛否をめぐる住民投票」という部分はいかにも不自然です。基地縮小が滑り出しているこの段階で、なぜ「基地縮小をめぐる賛否」が問われなければならなかったのか。しかも、この時点ではまだ辺野古移設も問題化していません。この不自然さを理解するためには、県民投票は、特定党派の示威行動の一環として利用された、と考えるほかありません。

平和センターは「基地縮小に賛成の意思表明を」というキャンペーンではなく、「投票に行こう」というキャンペーンを張りました。投票率を上げられれば成功、逆に投票率を上げられなければ、「何のための住民投票か」という話になってしまいます。これに対して野党の自民党は住民投票の実施に反対し、一時は投票ボイコットを呼びかけましたが、これは「戦争反対に反対」といっているようなものですから、結果的に反対活動を控えざるをえなくなりました。

九月八日の開票結果は、有権者総数九〇万九八三二人中投票した有権者は五四万一六三八人。投票率は五九・五三パーセントという結果となりました。有効投票五二万八七七〇票のうち賛成は四八万二五三八票、反対は四万六二三二票。「基地整理・縮小と日米地位協定の見直しに賛成」は八九・〇九パーセント。有権者総数に占める賛成票の比率は約五三パーセントですから、かろうじて過半数を上回ったことになりますが、いちばん問題だった投票率が六〇パーセントを切ったことで、必ずしも投票後の連合側の表情は明るいものではありませんでした。住民投票の成否を判断する基準となるのは、直前の六月に行われた県議選の六六・三六パーセントだったからです。

県民投票は成功だったのか、それとも失敗だったのか。その後の普天間基地移設問題の迷走を見るかぎり、あるいは日米地位協定そのものの改定が実現していない現状を見るかぎり、「県民投票の効果はなかった」と断定するのはたやすいことでしょう。たしかに、基地縮小などの目標を達成できなかったという点では失敗だったかもしれません。けれども、次の二つの点で、この県民投票は実は「大成功」だったのです。

ひとつは財政的成功です。大田知事は橋本首相と直談判する際に、県民投票の結果を持ち出して沖縄振興予算の増額を実現しました。一九九六年度の補正予算（一九九七年一月）で振興経費は一二二億円積み増しされ（決算ベースで総額三二七五億円）、一九九七年度の沖縄振興経費は前年度比五七億円増の三三三二億円（決算ベース）と決まりました。他の予算が次々カットされる財政再建という状況下で沖縄振興予算は半ば聖域化し、右肩上がりを続けることになったのです。

基地反対の示威行動が、これほどまであからさまに補助金獲得の圧力となったのは、県民投票以降と見なしていいでしょう。示威行動が、本土政治家の沖縄に対する贖罪意識を誘い出し、それが沖縄振興予算の増額に直結するというのは、現在でもまったく変わらぬ構図です。

もうひとつは党利党略的成功です。先に触れたように、一九九〇年代に入ると日本の反戦平和運動は虫の息でした。旧総評・旧社会党系（一九九六年一月に「社会民主党」と改称）の活動家たちが、「運動の火を消すな」といわんばかりに生き残りをかけて臨んだのがこの県民投票でした。投票率は期待通りではありませんでしたが、この県民投票を反戦平和運動のシンボルに仕立て上げることによって、運動そのものの活路を見いだすことには成功したのです。平和センターを中軸とした沖縄における反戦平和運動の「実力」と「存在感」は全国に強く印象づけられ、虫の息だった日本の反戦平和運動は息を吹き返しました。

さらに社会民主党（旧社会党）が全国的に大幅に退潮するなかで、沖縄が現在も同党の最大の拠点となっている背景にも、この県民投票の果たした役割が透けて見えます。忌憚なくいえば、平和センター・連合沖縄に寄りかかるかたちで、社会民主党は「反米・反戦・護憲政党」としての命脈を保ってきました。その出発点がまさにこの県民投票だったのです。

「基地反対集会に一〇万人」の真偽

県民投票以降、平和センターは、沖縄における大規模な基地反対行動の事実上のプロデューサーになりました。一九九五年一〇月二一日の少女暴行事件に抗議する県民総決起大会以降、数万人規模の集会も珍しいものではなくなり、県内はもちろん全国のメディアで大々的に報道されるようになりました。一九九五年以降の主な示威行動を整理してみましょう（参加人数は主催者側発表）。

①一九九五年一〇月二一日
米軍人による少女暴行事件を糾弾し日米地位協定の見直しを要求する沖縄県民総決起大会　八万五〇〇〇人（超党派）
②一九九九年一二月二一日
普天間基地・那覇軍港の県内移設反対県民大会　二万人

③二〇〇四年九月一二日

普天間へリ墜落事故抗議集会　三万人

④二〇〇五年七月一九日

陸軍複合射撃訓練強行実施緊急抗議県民集会（都市型訓練施設での実弾射撃訓練に抗議する県民大会・一〇年ぶりの超党派集会）　一万人

⑤二〇〇六年三月五日

知事権限を奪う特措法制定反対　普天間基地の頭越し・沿岸案に反対する県民総決起大会　三万五〇〇〇人

⑥二〇〇七年九月二九日

教科書検定意見撤回を求める県民大会（超党派）　一一万人

⑦二〇〇九年一一月八日

辺野古新基地と普天間県内移設に反対する県民大会（超党派・保守系の翁長雄志那覇市長も共同代表）　二万一〇〇〇人。

⑧二〇一〇年四月二五日

米軍普天間飛行場の早期閉鎖・返還と県内移設に反対し、国外・県外移設を求める県

民大会　九万人（超党派）

⑨二〇一二年九月九日

オスプレイ配備に反対する県民大会（超党派）　一〇万一〇〇〇人

⑩二〇一三年一月二七日

オスプレイ配備に反対する沖縄県民大会東京行動（全四一市町村長、市町村議会議長、県議会議員など約一五〇名参加／日比谷野外音楽堂での「No Osprey 東京集会」に四〇〇〇人／銀座でデモ行進）

二〇〇五年以降、ほぼ毎年のように大規模な集会が開催されるようになっていますが、それだけでなく、二〇〇七年以降は「超党派」の集会が連続します。いわゆる革新系だけでなく、保守系の首長、議員が参加するのが当たり前になっています。以前は、これほどの頻度で超党派集会が開催されることはなかったので、その点を見るかぎり、当時の翁長雄志那覇市長（現知事）が繰り返したように「オール沖縄」が、普天間基地撤去を唱え、オスプレイの配備に反対して、日本政府並びに米軍と対峙しているように見えます。一四〇万県民に対して、集会参加者が二～三万だとしても十分な数です。それどころか、主催者から公表されるのは九万や一〇万といった数字です。一〇万なら有権者数の約一割、実に一〇人に一人の有権者が集会に参加している計算になります。

この数字については、各方面から疑義が寄せられています。具体的な数字を挙げている産経新聞（「産経抄」二〇〇七年一〇月三日付朝刊）によれば、上記集会の大部分が開催されている宜野湾市海浜公園の面積は約二万五〇〇〇平方メートル（多目的広場は約一六〇メートル四方）。これをもとに計算すると、常識的な収容人数はせいぜい三～四万人ではないかというのです。計算上は立錐の余地もない状態であれば、もちろん一〇万人収容も可能ですが、ラッシュ時の満員電車並みの混雑になります。筆者も写真・報道記事・地図などで確認しましたが、産経新聞の指摘は概ね正しいと判断できます。

主催者側が水増しした数字を発表したこと自体が問題だというわけではありません。こうした誇張は、沖縄にかぎらず日常茶飯事です。問題は、実数をまったく検証しないで主催者側発表の数字を、そのまま報じる地元メディアや大手メディアの姿勢にあります。沖縄の場合、東京あたりとは違って、警察調べの数字があまり公表されないという事情もありますが、だとすれば独自取材してでも参加者数を検証するのがメディア本来の仕事ではないでしょうか。「多数の人たちが集まったという事実が重要なのであって、一〇万か四万かといった数は関係ない」という声もあるでしょうが、「一〇万人」と報ずるのと「四万人」と報ずるのではインパクトが違います。

実際、集会の現場を取材すれば、会場に集まったほとんどのグループは労組の旗を掲げており、動員実数も主催者側発表の三分の一程度と推測できました。ところが、地元メディアは、「県民の怒り」といった見出しの記事を載せ、本土のメディアもそれに同調していました。大半は「労組」という属性で括られる参加者だったのに、そのことにはいっさい触れられていません。その結果、本土では「沖縄県民は怒っている」という印象が広がることになります。主催者側も労組中心というイメージを払拭するために、小・中・高生、保守系政治家、労組以外の団体の役員にスピーチさせます。新聞やテレビでその場面が報道されれば、いかにも県民一体となった反対運動・抵抗運動に見えてしまいます。

集会の主催者は「われわれの運動はオール沖縄。最近では沖縄県四一市町村長も常連である」と反駁するでしょうが、保守系政治家が集会に出席する理由について、地元紙に興味深い分析が掲載されていました。翁長那覇市長の四選に関する社説です。

「一一日投開票の那覇市長選で当選した翁長雄志氏は『職員の意識改革や協働のまちづくりを理解してもらった』と当選の弁を述べた。（略）

この選挙は、得票差からも、翁長氏の三期の市政運営に対する事実上の信任投票だったと言える。（略）

得票率の高さは、翁長氏が沖縄固有の問題解決へ向け保革の違いを超えて行動した結果でもあろう。〇七年の教科書検定撤回県民大会、一〇年の普天間飛行場県内移設反対県民大会、ことしのオスプレイ配備反対県民大会と率先して参加してきた。県民一体の訴えへ、流れをつくった功績は大きい。

ある意味で翁長氏は『鉱脈を掘り当てた』のだ。保守陣営が基地問題で県民の意を体して行動すれば、革新陣営の『水源』は枯れ、保守は盤石の態勢となる。それが実証された格好だ」（琉球新報　二〇一二年一一月一二日付）

翁長那覇市長は、教科書検定意見撤回県民大会以降、平和センターなどが先頭に立って企画する集会の常連でした。二〇一二年以降は、「オール沖縄」や「沖縄に対する本土の差別」を口にして、こうした運動におけるリーダーシップを握ろうとしました。その理由についてこの社説は、「鉱脈を掘り当てた」と明確に指摘しています。革新系の票田に斬りこむための選挙対策という意味です。

沖縄では高齢者層を中心に、日米安保や米軍基地に対する嫌悪感が根強いことはよく知られています。選挙を盤石にするためには、投票所に必ず足を運ぶこうした層を取り込むことが必要です。まして、当時の翁長市長は次期知事の筆頭候補と目されていましたから、新聞の一面を飾り、那覇以外の市町村の有権者に対しても自分の存在感をアピールすることが重要でした。集会に出て社民党・共産党系の労働組合員の前で檄を飛ばせば、喝采だけでなく票も獲得できます。以上のような政治的計算の末に、翁長市長は、「基地反対」「沖縄差別」が叫ばれる集会に積極的に参加してきたのではないでしょうか。それが功を奏してか、二〇一四年の知事選では見事に当選しました。

一方、集会を企画する平和センターは、こうした思惑を承知しつつ、自らの運動が「県民総意」であると証明するために保守系政治家を利用してきたのではないでしょうか。「沖縄に反戦平和運動あり」という存在証明を得るためには、数万人規模の全県的・超党派的な集会の実現が不可欠だからです。保革双方に、持ちつ持たれつの政治的な思惑があったことは容易に想像できます。

以上が、「基地反対運動」や「県民集会」の実態であり、「オール沖縄」の実態でしょう。沖縄は、旧総評・旧社会党の消滅による反戦平和運動の衰退を食い止めるための最後の「砦」となり、砦の守護神となった平和センターは、反戦平和運動の継続を通じて公務員の組合や社民党の既得権まで守っています。保守系政治家は集票活動の一環として基地反対運動に肩入れし、「県民総意」の演出にも一役買っています。大規模な県民集会は今や振興資金獲得のための政治的圧力・集金装置の一つになっていますから、自治体や財界も、これを応援こそすれ、けっして反対はしません。「県民総意」はある種の幻ですが、メディアが挙って後押しすることで「実体」となり、今やゾンビのごとく一人歩きするようになっています。

守られているのは、オール沖縄の「県民益」ではなく、「公務員益」であり、「組合益」であり、一部の「企業益」であり、「政治家益」ではないでしょうか。

第八章　異論を封殺する沖縄のジャーナリズム

ドキュメンタリー作家・上原正稔

沖縄には最近まで「一フィート運動」（正確には「沖縄戦記録フィルム一フィート運動の会」）という運動がありました。沖縄戦を記録した映像を残し、その記憶を若い世代に継承しようという趣旨の下、子どもから大人まで県民から一口一〇〇円の寄付を募り、一フィートでも多くの記録映像を残そうという運動です。

一九八三年に始まったこの運動は、沖縄在住のドキュメンタリー作家上原正稔氏が起《た》ち上げたもので、アメリカ公文書館やその関係者に掛け合って米軍が記録したフィルムを収集し、保存・編集して上映する活動の先頭に立ったのも上原氏でした。設立時には、上原氏から依頼を受けた仲宗根政善琉球大学教授が代表になった他、大田昌秀氏、新崎盛暉沖縄大学教授、安仁屋政昭沖縄国際大学教授、石原昌家沖縄国際大学教授などの研究者や教員組合・婦人団体の活動家が運営委員に就任し、上原氏が事務局を引き受けるかたちで出発しました。

ところが、一年ほどして上原氏は運動から外されてしまいます。どうやら内部に党派的な利害にもとづいて行動したグループがあったようで、上原氏本人は「(運動を)乗っ取られた」と述懐しています。彼は、「一フィート運動」を思想・信条を超越した運動と位置づけていましたが、メンバーのなかにはそれを快く思わない人が少なからずいたようです。

上原氏を追い払った「一フィート運動」は、沖縄における反戦平和運動の一つの象徴になっていきました。大田氏などは「一フィート運動は自分がつくった」と語ることもしばしばで、自らの政治活動にもずいぶん利用していました。大田氏が知事時代に設置した慰霊施設「平和の礎《いしじ》」も、上原氏が創案した「沖縄戦メモリアル構想」が母体になっています。二〇一三年三月、「市民運動としての歴史的使命は終えた」として、一フィート運動は解散しましたが、フィルムは沖縄県公文書館に寄贈され、活動の一部は大田氏の主宰する沖縄国際平和研究所に引き継がれました。

「一フィート運動」から放逐された上原氏は、その後、琉球新報や沖縄タイムスなどを舞台に、沖縄戦史を題材とする著作を次々に発表していきます。『沖縄戦トップシークレット』（沖縄タイムス、一九九五年）を始め、米軍側の資料・証言と沖縄側（または日本側）の資料・証言をつきあわせて「真実」を明らかにしようとする上原氏の沖縄戦史は第一級のクオリティを持つドキュメントで、左右両派を問わず参照される資料となっています。

「パンドラの箱」事件

上原氏が、地元メディアから理不尽な目にあわされたのは、二〇〇七年のことでした。琉球新報からの依頼で執筆していた沖縄戦史に関わる連載「パンドラの箱を開ける時～沖縄戦の記録」（二〇〇七年五月二六日～）の第一章第一話が終了し、第二話の「慶良間で何が起きたのか」を入稿したところ、掲載日前日の同年六月一八日になって一方的に掲載拒否を通告されたのです。当時の前泊博盛編集委員（後に沖縄国際大学教授）などから説明された理由は「社の方針にそぐわない」「本紙紙上で過去に発表した上原原稿（「沖縄戦ショウダウン」一九九六年六月一日～二五日・計一三回）と資料・内容・表現が重複している」というものでした。上原氏はこうした対応に対して、「言論弾圧だ」と抗議しましたが、受け入れられることはありませんでした。

なぜ突然、掲載が拒否されたのか。上原氏は、問題の回で、慶良間諸島の集団自決に関して「軍命はなかった」ことを実証しようとした内容が問題視された、と考えています。現にその後、琉球新報の編集委員から「今は軍命による集団自決の存在を認める社の方針が固まっているので堪《こら》えてくれ。いずれ慶良間篇も掲載するから」という要請があったというのです。

結局、上原氏は「慶良間で何が起きたのか」を別原稿に差し替えて、約四カ月後の一〇月一六日に連載を再開しました。連載は、二〇〇八年八月一九日まで計一八〇回続きましたが、八月二〇日掲載予定の最終回（一八一回）を迎えるにあたり、以前に掲載を拒否された慶良間での集団自決問題を要約した新原稿を入稿したところ、再び掲載を拒否されました。「慶良間で何が起きたのか」の五〇回分の原稿は日の目を見ないまま、上原氏は、きわめて不本意なかたちで連載を終えることになったのです。

実は、掲載拒否という琉球新報側の対応には大きな政治的背景がありました。「集団自決」の記述に関する教科書検定問題です。

二〇〇七年三月三〇日、文部科学省は、二〇〇八年度の高校日本史の教科書における沖縄戦の記述について、「日本軍の命令（あるいは強制）による集団自決があった」とする五社、七冊の教科書に「沖縄戦の実態について誤解する恐れがある」として修正を求める検定意見を付したことを発表しました。

これに対して、琉球新報は、ライバル紙・沖縄タイムスと同様、「検定意見の撤回」を求めるキャンペーンを張りました。三月三一日の同紙朝刊は、「体験者、県民の思いは、国の大きな意志にまたも踏みにじられた」という見出しの記事を掲載し、社説では「沖縄戦の実相歪めないか／政府の思惑先取りの傾向に」というタイトルの下、「（歴史については）中立性を保つことが教育の基本だ」としながら、「歴史教科書では、（政府による）押し付けはやめるべきだ」、「多数の住民を巻き込んだ沖縄戦については、きちんと検証し、教科書に記述して、伝えていくことが重要だ」と主張しています。以後、同様の趣旨の記事や社説が繰り返されますが、その主張は次第に強いトーンに変化していきます。

九月二九日、主催者側発表で一一万人以上を集めたといわれる超党派の集会「教科書検定意見撤回を求める県民大会」が開催されました。この大会には、仲井眞知事以下、保守系の主だった政治家も参加し、「教科書検定意見撤回」を求める決議が行われました。翌日の琉球新報朝刊には、「教科書問題『軍強制』は明らか／検定意見は撤回すべきだ」という社説が掲載されています。「中立的な歴史観を教育の基本」とした三月の段階とはまるで異なる論調への変化です。「検定意見撤回」が琉球新報の方針としてすっかり固まったことを意味しています。「パンドラの箱」事件は、まさにその最中に起こりました。琉球新報は、県内議論の推移を横目で見ながら、社として「軍命はあった」という側に立つ姿勢を夏頃に決め、「検定意見撤回」キャンペーンを張るようになったのです。

大江賠償訴訟

ちょうどその頃、大江賠償訴訟や大江健三郎・岩波書店沖縄戦裁判といわれる訴訟が進行中でした。上原氏も取り上げた沖縄戦の集団自決について、大江健三郎氏の『沖縄ノート』（岩波書店、一九七〇年）や中野好夫氏と新崎盛暉氏の共著『沖縄問題二十年』（同じく岩波書店、一九六五年）などに書かれた内容が、当時の座間味島での日本軍指揮官梅澤裕氏と渡嘉敷島での指揮官・赤松嘉次氏の名誉を傷つけたとして、梅澤氏と赤松秀一氏

(嘉次氏の弟)が、損害賠償、出版差し止め、謝罪広告の掲載を求めて大江氏や岩波書店を大阪地裁に訴えた裁判です。

渡嘉敷、座間味両島における住民の集団自決について、大江氏などの著書では「軍命による集団自決」と記載されていますが、これは事実と異なり、梅澤氏、赤松氏の名誉を毀損するものだとして損害賠償を求め、二〇〇五年八月大阪地方裁判所に提訴されました。原告側は、曾野綾子氏が『ある神話の背景――沖縄・渡嘉敷島の集団自決』(一九七三年、文藝春秋)で指摘したように、軍命による集団自決ではなく、戦傷病者戦没者遺族等援護法の適用申請(年金受給)のために「軍命による強制」という虚偽が必要だったと主張しました。

二〇〇八年三月二八日に下された判決では、「自決命令それ自体まで認定することには躊躇を禁じ得ない」が、「大江の記述には合理的な根拠があり、本件各書籍の発行時に大江健三郎等は(命令をしたことを)真実と信じる相当の理由があったと言える」として、原告の請求は棄却されました。大阪高裁の控訴審でも、地裁判決の正当性が追認され控訴棄却(二〇〇八年一〇月三一日)、さらに最高裁でも上告は棄却されました(二〇一一年四月二一日)。

一連の裁判では、軍命の存否に関する最終的な判断は避けられており、大江氏たちが「軍命による強制」を信ずるに足る「証拠」――この場合は太田良博氏の著書『鉄の暴風』（一九五〇年、沖縄タイムス）――などに基づいて記述した行為は、名誉毀損に当たらないという判断が下されています。名誉毀損の場合、書いたことが事実かどうか以外に、書いた時点で事実と信じるだけの相応の根拠があれば、責任は問われない、という原則があります。最高裁の判決は「自決命令があったとは言い切れないが、『あった』と大江氏が信じたことには、それなりの根拠がある」ということです。被告側は「勝訴」だとアピールしており、それは間違いではないのですが、裁判所は「軍命があったかどうか」については判断をしていない、というのが事実です。

もし、大江氏たちが参照した『鉄の暴風』を相手取った訴訟であれば、原告側勝訴の可能性はあったかもしれませんが、『鉄の暴風』を典拠にして実名を挙げずに記述した大江氏たちの責任を問うのは当初から難しかったと思います。いずれにせよ軍命の存否について、裁判所は結論を下さなかったことになります。

この裁判についても、琉球新報は沖縄タイムスと同様、「梅澤・赤松の軍命による集団自決」を肯定する側に立つ報道を展開しました。教科書記述問題と表裏一体の裁判ですから、その限りでは琉球新報がこうした姿勢をとるのは当然といえるでしょう。

訴訟になった「パンドラの箱」

以上の経緯を見れば、「軍命がなかった」ことを実証しようとした上原氏の原稿が、琉球新報にとっていかにも都合が悪かったことは明らかです。「パンドラの箱」の掲載拒否の理由もむろん、その点にあるはずです。ところが、琉球新報は、その後上原氏が起こした裁判で「社の方針とは違う」とは主張しませんでした。

上原氏は「パンドラの箱」掲載拒否に関わる損害賠償（賠償額一〇四五万九〇〇〇円）を求めて、二〇一一年一月三一日、那覇地裁に琉球新報社を提訴しました。同社は「不偏不党、報道の自由と公正を期す」（社是）、「公正、迅速、品格を保ち、健全なる世論を育成する」（編集綱領）、「沖縄の諸問題を解明し、経済の発展、文化の向上と民主福祉の充実につくす」（同前）を謳《うた》っています。にもかかわらず、掲載を拒否したことは、契約違反であり、著作権法違反であり、憲法二一条に定められた表現の自由を侵すものだ、というのが上原氏側の主張でした。

これに対して琉球新報側は、上原氏が同紙における過去の連載「沖縄ショウダウン」

（一九九六年）を踏襲した内容・表現の原稿を出したことは契約違反だから掲載を拒否した、といった論陣を張りました。社の方針として、軍命による集団自決を認める立場を選んだことにはまったく触れていません。

琉球新報側は、表現の自由が争点になることを恐れたのです。万一敗訴した場合、社の方針と食い違う内容の原稿の掲載を拒否したことは、社是・編集綱領に抵触することが明るみに出てしまいます。提訴前に上原氏に説明した段階では、「社の方針との違い」と「二重掲載」を盾に掲載を拒否したのですが、提訴後の琉球新報側は前者を持ち出しませんでした。新聞社が「表現の自由」に抵触する行為を働いたことが明らかになれば、まさに自殺行為だからでしょう。

新聞社が特定の問題について独自の方針を打ちだすこと自体に異議はありません。自分たちの立場に近い執筆者に多く原稿を依頼するといったことは、どこの会社でもやっていることでしょう。また、執筆内容が著しく事実と異なるとか、他人の名誉を傷つけることが明らかな場合には、掲載を拒否することもありえます。

しかし、会社として連載を依頼しておきながら、見解が異なるからといってその文筆家の連載を中断、あるいは拒絶するのは、編集権の逸脱どころか、言論封殺といわれてもやむをえません。「中立」や「公正」といった社是・綱領にも当然反しています。琉球新報側は「言論封殺」を自覚していたからこそ、「社の方針」を争点にできなかったのです。

全一〇回にわたる口頭弁論を経て、二〇一二年一一月二〇日に地裁判決が下されました。原告側請求は棄却。上原氏の敗訴です。判決文によれば、被告側（琉球新報）の「二重掲載は読者への背信行為だから、掲載拒否には正当な理由がある」という主張が認められています。

この判決に納得できなかった上原氏側は福岡高裁（那覇支部）に控訴しました。二〇一三年七月二九日に判決言い渡しがあり、控訴審では逆転勝訴。今度は上原氏の主張がほぼ全面的に認められました。「二重掲載」を掲載拒否の根拠とする被告側の主張は認められず、「掲載拒否には正当な理由はない」を主たる理由として、被告（琉球新報）に一〇〇万円余りの損害賠償が命じられたのです。一審同様「二重掲載」を繰り返し主張した被告側ですが、具体的に「二重掲載」となる箇所を指摘できなかったこと、そして、掲載拒否の判断を下した前泊博盛編集委員が証人としての出廷を拒否したことが敗訴の主因でした。

控訴審判決後、琉球新報側は最高裁に上告しませんでした。最高裁は基本的に憲法判断（違憲か合憲かという判断）を下すところですから、上告自体が憲法判断（この場合は表現の自由を定めた憲法第二一条）を仰ぐ行為になります。「掲載拒否が表現の自由に抵触するか否か」を争うことは、一審から一貫して琉球新報側が避けてきたことですから、上告の断念は当然かもしれません。

高裁判決は「表現の自由」についての判断は直接下さなかったものの、琉球新報側の対応を手厳しく批判しています。掲載拒否について合理的な理由を明示できなかったわけですから、執筆者である上原氏の表現の自由（言論の自由）を理由なく侵害したことになります。「軍命による集団自決はなかった」という上原氏の主張の是非について高裁は明確に判断していませんが、彼がこれまで、緻密な実証を積み重ねて読む者を納得させるドキュメンタリー作品を仕上げてきた点が評価されたのでしょう。

「パンドラの箱」を報じないマスコミ

この裁判は、「表現の自由（言論の自由）」や「軍命による集団自決」を重要な要素としているという点で、本来であればもっと注目されてしかるべきものでしたが、琉球新報はもちろん、ライバル紙の沖縄タイムスもベタ記事程度の扱い（しかも一部は共同配信記事）でしか報じていません。本土のマスコミも、産経新聞を除いてほとんど報じませんでした（ただし、日刊紙「世界日報」、月刊誌『正論』『ＷＩＬＬ』が取り上げています）。ネット上では、上原氏の証人にもなった文芸誌『うらそえ文藝』編集人の星雅彦氏、人気ブロガーの江崎孝氏（「狼魔人日記」主宰）、同じく又吉康隆（ヒジャイ）氏（「沖縄に内なる民主主義はあるか」主宰）などが、上原氏を支援する立場でこの訴訟に触れていましたが、沖縄でも本土でも、「パンドラの箱訴訟」はほとんど注目されませんでした。

一方の大江訴訟は、ノーベル賞作家に対する損害賠償請求訴訟ですので、教科書の記述問題と相俟って、マスコミ各社も大きく注目しました。革新系の識者や団体が被告側を支援し、保守系の識者・団体、とくに「新しい歴史教科書をつくる会」などが原告側を熱心に支援しました。一審・二審とも原告が敗訴した後、最高裁まで争われ、結局、軍命の存否に触れられないまま上告が棄却されたのは先に触れた通りです。

「軍命があったかなかったか」というよりも「表現の自由」を争った「パンドラの箱」訴訟のほうが、沖縄の現状をあぶりだし、実のある議論に結びつける可能性を秘めていましたが、政治的立場を問わず、言論封殺にもっと敏感でなければならないはずの沖縄のジャーナリストや知識人は、この訴訟にほとんど言及しませんでした。

沖縄を観察していて不思議に思うのは、ジャーナリズムが必ずといっていいほど同一の方向を向いた報道姿勢をとることです。小林よしのり氏はこうした点を捉えて、「沖縄は全体主義の島」（『新・ゴーマニズム宣言SPECIAL　沖縄論』小学館、二〇〇五年）と批判しましたが、とくに基地問題や沖縄戦が絡んだ議論になると、恐ろしいほどの同調圧力の存在を感じます。

象徴的なのは、琉球新報と沖縄タイムスが、市場ではライバル同士で激しく部数を争っているにもかかわらず、基地や沖縄戦などのテーマでは、ほとんど見分けがつかない報道姿勢になることです。両紙とも日本政府批判については、ほぼ同様のトーンになるのに、県政批判はほとんどありません。沖縄のある大学教授は、「ふだんはバラバラに見えても肝心なところで沖縄のジャーナリズムは一致団結する。まさにオール沖縄なんだよ」と筆者に対して自慢げに語りましたが、県民のあいだには基地問題や沖縄戦について、いわゆる「オール沖縄」とは異なる見解も存在します。

しかし、そうした異論が紙面に出ることはほとんどありません。本土の識者の口を借りることで、あるいは投書欄に申し訳程度に異論を登場させることでお茶を濁しているのが実情です。「議論しないことが美徳」という声もありますが、「長いものには巻かれろ」「寄らば大樹の陰」といった格言を思い出します。沖縄には、ある種のエスタブリッシュメント（支配階級）が存在し、ジャーナリズムや知識人たちもそのエスタブリッシュメントの顔色をうかがいながら、暗黙のうちに歩調を合わせているとしか思えません。

自費出版拒絶問題

又吉康隆氏の「自費出版拒絶問題」も、同調圧力と言論の自由に関わる問題です。又吉氏はブログ「沖縄に内なる民主主義はあるか」で、沖縄で起こる様々な問題は民主主義の成熟度の問題だ、と主張しています。その立場から、「普天間は辺野古移設以外の選択肢はない」「八重山教科書問題に対する県教委対応は法治国家の否定だ」といった主張を展開してきました。県内移設反対派だけでなく、土建業者も斬り、保守政治家も斬る。もちろん、役人も槍玉に挙げられています。その論旨はつねに明快で一貫しています。

その又吉氏が自費出版を企て、自身のブログを一書にまとめようと県内の出版社に持ち込んだところ、自費出版を断られたというのです（二〇一二年五月）。以下、又吉氏のブログからの引用です。

「信じられないことが起きた。自費出版しようと県内のある出版社に原稿を送ったら、なんと出版を断られた。（中略）先週の火曜日の朝に、ネットで自費出版を募集している県内のある出版社に、自費出版したいから見積もりをお願いしますという文章を携えて原稿を送った（注・出版社からの連絡は一週間来なかった）。（中略）（翌週の）火曜日に出版社に電話をした（注・担当は不在だった）。（中略）しばらくすると編集部の人間から電話が掛かってきた。彼は沖縄の出版界を盛り上げようと頑張っている人で、新聞にエッセーなども書く、沖縄の出版界では有名な人である。（中略）私は、『自費出版ができないということか』とストレートに聞いた。すると彼はそうだと言った。信じられないことであるが、自費出版を宣伝している出版社に自費出版を希望して原稿を送ったら、自費出版できないと言われたのだ。（中略）出版できない理由は、『普天間飛行場の移設は辺野古しかない』の内容が最近出版社から出した本とは反対の内容になっているからと彼は説明した。（中略）まさか、自費出版が断られるとは全然予想していなかった。（中略）出版社のやり方に怒りは湧いてこない。うまく説明できないが、むなしさやさびしさのような感情があるだけだ」

自費出版を断ったのはB社（那覇市）という沖縄では有数の出版社です。B社では、さまざまな政治的立場の人がさまざまな本を出版しています。政治色の強い出版社ではありません。たしかに基地問題について、又吉氏とは逆の主張の本は出していますが、又吉氏の本は自費出版で、編集や流通などにB社が力を貸すとしても、それはたんなるビジネスであって、リスクも責任も又吉氏が引き受けることになります。にもかかわらず、B社は又吉氏の自費出版を拒絶しました。

「民間企業が私人の申し出を断っても問題ないだろう」と思う方もいるかもしれません。しかし、自費出版という形態において、金を出す顧客の出版を断ることは、通常では考えられません。自費出版を謳っている以上、「引き受け」が原則であり、引き受けないとしたら顧客が納得する説明は必要です。あまりに個人を中傷する内容であるとか、プライバシーを侵害するもので、関わること自体リスクが大きいというのであれば、まだわかります。

しかし、断る理由として「あなたと正反対の主張の本を出版しているから」では、顧客は納得しないでしょう。主張が問題であるなら、自費出版を事業として掲げるのは大問題です。

私企業とはいえ、ジャーナリズムの世界に関わる出版社が、主義主張に基づいて自費出版の依頼を選別するなら、個人の意見を出版メディアで発表するのは困難になってしまいます。実は、又吉氏は、B社だけではなく、同じく自費出版を事業として謳っているN社（石垣市）と地元大手新聞社（那覇市）にも出版を拒絶されています。N社は「八重山教科書問題が決着してないので出版できない」という理由で拒み、新聞社は又吉氏の依頼を「黙殺」しました。N社の場合は、丁寧な手紙が添えられていたということですから、まだ誠意を感ずることができますが、他の二社の対応には呆れてしまいます。

自分の本を地元の出版社に依頼して自費出版しようという思いも叶えられないほど、沖縄における「表現の自由」や「言論の自由」に対する意識は麻痺しているのでしょうか。同調圧力の発信源である、ある種の〝エスタブリッシュメント〟の存在が、自由な言論や自由なビジネスも阻んでいるということなら、そうした圧力と闘うのが、新聞・出版の本来の使命だと思いますが、おそらくそんな期待を持つこと自体が夢のまた夢なのかもしれません。

「災い転じて福」というべきか、行動力に優れた又吉氏は、その後まもなく自ら出版社を起ち上げ、自分の主張を一書にまとめて公刊しました。『沖縄に内なる民主主義はあるか』（ヒジャイ出版、二〇一二年）と題したその本は、沖縄教販（出版小売・卸元）でベストセラーランキングの一位にもなりました。ヒジャイ出版は、時事的なテーマを扱う『かみつく』（その後『沖縄 内なる民主主義』に改題）という不定期の雑誌も発行して好評です（本書執筆時点で第6号まで発行）。しかしこれは、馬力のある又吉氏だからできたことであって、普通の人なら自費出版を拒絶された時点で、出版を諦めてしまうでしょう。

又吉氏などが、このように異論を発する努力を重ねているにもかかわらず、沖縄の発する「反戦平和の島」「癒しの島」というイメージが大きく変わる様子はありません。実際には「公務員優位の階級社会」であり、「貧困の島」だというのに、これが問題になることなどありません。二大紙が同じ方向に県内世論を誘導し、ジャーナリズムや出版界は彼らに追随するだけです。本土のマスコミも沖縄二大紙の見出しをトレースすることが常態化しています。県内の異論や少数意見がマスコミに取り上げられることは相変わらずほとんどありません。

こうした世論形成の裏には、自分たちの既得権を守るためなら手段を選ばないアンシャンレジーム（旧体制）の知識人・政治家・組合幹部・財界人たちの暗黙のネットワークが存在しますが（これこそ〝沖縄エスタブリッシュメント〟の正体でしょう）、誰もそれを告発しません。上原氏や又吉氏は「ネトウヨ」（ネット右翼）のバージョン違いのように扱われ、知識人たちが彼らの主張を取り上げることはありません。上原氏や又吉氏の協力者である江崎孝氏によれば、ある公立図書館の利用者用PCから、江崎氏のブログ（「狼魔人日記」）を始め沖縄エスタブリッシュメントを批判するサイトを閲覧できないよう措置した事例まであったといいます。図書館側は、一部のサイトが閲覧不能だったことを認めながら「故意ではなく技術的なミスだった」と釈明していますが、「基地反対」以外の政治的な立場が沖縄にはあたかも存在しないかのような報道ばかり見せつけられていると、どうしても「言論封殺」という言葉が浮かんできてしまいます。

「言いたいことを言いたいときに言う」というのが言論の自由であり、市民社会・民主主義社会の礎です。もし、自由な言論を封殺する傾向が沖縄に存在するのだとすれば、やはり見すごしてはならないと思います。

第九章　「構造的沖縄差別論」の危うさ

「沖縄人」と「日本人」

沖縄ではここ数年「構造的沖縄差別」という表現を用いて、日本政府のみならず日本国民全体を批判する傾向が強まっています。「沖縄人」と「日本人」を対置し、「日本人」が沖縄における米軍基地の本土移転を拒絶しているのは、「日本人」の「沖縄人」に対する歴史的な差別意識が背景にある。この差別意識を取り払い、「日本人」は直ちに基地を持ち帰れ、というのが主張のポイントです。代表的論者は、知念ウシ氏と野村浩也氏。「日本」側からも高橋哲哉東京大学教授がこの主張に同調して論陣を張っている他、佐藤優氏もたびたびこの観点から沖縄の問題を論じています。

普天間基地移設やオスプレイ配備の問題をめぐっても、沖縄のメディアでは「構造的差別」ということばが頻繁に使われています。「構造的な差別」ですから、差別する側に自覚がなくとも、つまり差別感情がなくとも、沖縄を差別していることになります。米軍基地を沖縄に押しつけているヤマトーンチュ（本土の人間）は、ことごとく差別する側に立たされます。

この「構造的沖縄差別」論は、一〇年ほど前から一部の地元識者のあいだで唱えられるようになりました。歴史家の新崎盛暉氏が旧世代の代表的論者で、翁長那覇市長も好んでこの表現を使います。最近では、新世代の知念ウシ氏（一九六六年生まれ）がオピニオン・リーダーです。知念氏は、沖縄語（ウチナーグチ）でライターを意味する「むぬかちゃー」（物書き）を自称する女性ですが、「日米安保や基地が必要なのは日本人。私たち沖縄人ではない。日本はもう沖縄に甘えるな」という趣旨の主張で、地元の新聞や雑誌のみならず、本土の新聞や雑誌にも頻繁に登場しています。

「構造的沖縄差別」ということばが一般にも知られるようになったのは自民党から民主党への政権交代後のこと。鳩山元首相が普天間飛行場の「県外移設」を口にしながら撤回した時期に当たります。知念氏は「鳩山首相は多くの人の心の中にあったものを政策にしたが、日本人は彼を支えなかった。誰が沖縄に基地を押しつけているのかが見えたのです」「差別がある以上、差別する側とされる側を分けざるを得ません。覚悟を決めたところが話し合いの出発点です」（朝日新聞　二〇一二年五月一〇日付朝刊）といった主張を繰り返しています。

琉装（伝統衣装）にウチナーカラジ（伝統的髪型）でメディアに登場する知念氏。ライターではなく「むぬかちゃー」という肩書きを好み、日本語での「ウシ」という表記ではなく、沖縄語（ウチナーグチ・沖縄方言）での「ウシィ」という表記を求める彼女には、血統、言語、伝統への拘りを明らかにすることで、「日本人」からの差別や「日本人」との対立を強調する意図があります。知念氏は「日米安保や基地が必要なのは日本人。私たちではない」とも主張しますが、彼女の主張は日本国民であることも拒絶しているように思えます。額面通りに受け取れば、その考え方は排他性の強い「沖縄民族主義」にも見えてきます。

「部落解放同盟」の機関誌で展開

知念氏の「構造的沖縄差別論」に関するもっとも初期の著作は、『部落解放』（二〇〇二年九月号）に掲載された「空洞の埋まる日」と題するエッセイです。知念氏はこのエッセイで、沖縄好きが高じて彼の地に住みついたといわれる作家の池澤夏樹氏の沖縄に対する姿勢を「上から目線」で「沖縄に対する差別」だと断罪しました。

「私は本屋でたまたま一冊の雑誌を手に取った。写真を主体とした、おしゃれでかっこいいと評判のその雑誌は九・一一事件の特集を組んでいた。パラパラッとめくると池澤氏のインタビューが載っていた。九・一一後の世界情勢や、それについて書くことの意義を雄弁に語っている。付いている写真もとてもかっこいい。このインタビューは次のように終わる。

(中略) 今のイギリスの文学だって、カズオ・イシグロもそうだけど、所謂イギリスから出て、周辺で俯瞰して見ている人が作品を提供している。だからそういう意味では、池澤さんが沖縄にいるということはメールマガジンの位相としても大きい役割だという感じはしますね。

池澤　全体の構図を見てとりやすい場所というものがあるでしょう。その意味で沖縄というのは、僕が意図して、確信犯として選んだ土地ですからね。

なんという冷酷な言葉なのだろうか。私はそう感じた。そして、沖縄の矛盾を背負わされて生きてきた祖父母や父母、友だち、顔も知らない強姦事件の被害者たちの姿が目に浮かんだ。私たちの苦しみや悲しみは、この野心的な日本人作家の足場にされているのか。気がつくと、私の瞳からはただ、涙がこぼれていた」

池澤氏は自分のインスピレーションやイメージを高めるため居住地として沖縄を選んだと語っています。自分が「日本人」であるという立場から浮遊することが、彼の想像力の源泉であり、その先に見える「普遍性」を文学として表現することが彼の個性でもあったと思います。

その気持ちは、同じように沖縄に惹かれた人間として痛いほどよくわかります。自分のいる場所を肯定することからは何も始まらない。自分が今いる場所から飛び出すことから新しい体験が始まる。絶対化からは隷従が、相対化からは自由が生まれる。それは冒険知（相対知）の世界です。新しいものを生みだすための、ひとつの有効なアプローチです。筆者自身も、「沖縄から日本が透けて見える」という視点を大切にしてきました。自分の経験知を相対化するための冒険知が沖縄にはあると思いました。

慣れ親しんだ土地以外で刺激を受けるというのは、ごく普通のことでしょう。ところが、池澤氏のそのような姿勢は、「沖縄への甘え」であり、「沖縄に対する差別」だというのが、知念氏の主張の肝です。彼女の論法では、池澤氏や筆者だけでなく、ほとんどの沖縄ファンも植民地主義者というレッテルを貼られてしまいます。沖縄の歴史に絡めて平易な言葉でいえば、ヤマトという支配者の子どもたちが、自分の癒しを求めて被支配地域であるウチナーにやってきて、善人ぶりながらさんざん甘い汁を吸っている、というイメージになるでしょうか。

池澤氏はその後沖縄を離れてしまいます。彼女からの批判に嫌気がさしたという噂さえ流れました。池澤氏が沖縄を離れていったホントの理由は知りません。こうした批判がなくても出ていく段取りだったのかもしれません。いずれにせよ、「被害者」の立場を強調するこうした批判に反論するのは簡単ではありません。

沖縄在住の代表的な小説家・文化人として、池澤氏がさまざまな発言をしていたのはよく知られています。そのことの功罪はあるのかもしれません。口を衝《つ》いて出たことばが、不用意だったり、無思慮に感じられたこともあったのかもしれません。

知念氏は、池澤氏の意識のなかにある植民地主義的・差別主義的な部分が露出したと言いたいのでしょうが、その程度のことは沖縄でなくとも、（それがたとえば北海道や島根であっても）いくらでも起こりうることです。少なくとも、前掲のインタビューを普通に読む限り「冷酷さ」は感じられません。

知念氏の批判は、池澤夏樹という「日本人大作家」を日本代表として断罪することが目的だったのではないでしょうか。しかも、誰もが反論しにくい「被害者の立場」を持ち出し、思考停止させることが狙いだったのではないか、という疑念も残ります。

部落解放同盟の機関誌『部落解放』に「構造的沖縄差別」を主張する論考が掲載されることは象徴的な意味があります。「自らを被差別民と捉え、抑圧者・日本人と闘う沖縄人」を部落解放運動が同志として認め、支援しているという構図が鮮明になるからです。部落問題と沖縄問題は同根であるという考え方につながります。同誌には知念氏の他にも、構造的沖縄差別論がたびたび掲載されています。

同年六月号には、構造的沖縄差別論の主唱者の一人である野村浩也広島修道大学教授が論考「ポスト・コロニアリズムと日本人／沖縄人」を寄稿しています。沖縄市出身の野村氏は、ポスト・コロニアリズムの立場から、「被差別者・沖縄」対「差別者・日本」という構図に拘り、「日本人」を植民者・加害者とし、「沖縄人」を被植民者・被害者としながら、厳しい日本人批判・日本政府批判を展開する学者です。

「日本人は、右から左まですべて、在日米軍基地の負担を沖縄人に押しつけることによって得られる利益を共有しているのだ。この利益を守るためのもっとも悪質な植民地主義言説こそ沖縄から日本への米軍基地移転に反対するものではないか。（中略）『在日米軍基地の平等な負担』というのも最低限の人権要求にすぎない。日本人がこの最低限の人権すら達成できないとすれば、日本人の植民地主義も終わるはずがない」

野村氏の〝沖縄には満足に「人権」が与えられていない〟という論点も部落解放同盟の主張と重なります。知念氏の前掲エッセイが掲載された二〇〇二年九月号には、野村氏と新垣誠沖縄キリスト教学院大学准教授の対談「ポスト・コロニアリズムと沖縄・植民地主義は終わらない」も収録され、野村氏は次のように述べています。

「沖縄人はだいたい自分で自分を差別することから出発する、というか、死ぬまでそのままという人もいっぱいいる。自分で自分を差別する、というのは、日本人が沖縄人を差別するからそれでしか現実を見ることができない。（中略）方言というのは、ただ中立的な存在としてあるわけではないわけだよね。劣等な言葉という意味なわけ。劣等な言葉を日常の言葉として使ってるわけよ、ウチナーンチュは。『方言』って平気でまだ言ってる。（中略）沖縄の言葉は劣等な言語である、日本語よりも下位に位置づけられる劣等な言語である、と。この見方をそのまま沖縄人が反復してしまう」

野村氏は、「日本の植民地主義」を糾弾しながら「差別」の実例として方言を取り上げています。ここでいう「差別」は、本土の人間から直接受けた差別ではなく、沖縄という「植民地」に生を受けたことにより身についてしまった自己否定に連なる被差別感情です。彼らにとっての差別は「基地負担」だけではなく、日本という「植民者」が押しつけたものすべてが対象となっています。

が、方言が規制されたのは沖縄だけではありません。東北、九州もほぼ同様の状態にあり、沖縄同様「方言札」も活用されていました。学校で方言を使うと罰として首からぶら下げられた方言札は、明治以降の中央集権・富国強兵を達成する教育戦略の一環として用いられた手法です。標準語化教育によって政治的・経済的・社会的・文化的な国家統合を図ったのです。

たしかに、明治以降、言語のみならず沖縄固有の文化を否定する傾向は強かったと思います。が、否定の対象には沖縄以外の地域文化・地域言語も含まれました。標準語化教育は、中央集権化の諸政策とともに地域語や地域文化の特性を奪いました。しかし、これらが近代化の一側面であることも事実です。

植民化政策・集権化政策によって生みだされた「不幸」に対する憤りは理解できますが、植民化・集権化とコインの裏表である近代化に対する評価が欠けた議論はバランスを失しています。近代化しなければよかった、ということであれば、士族が農民を激しく収奪した琉球王朝時代のほうがマシだった、という結論になりかねません。

沖縄内部の矛盾を覆い隠そうとする知識人たち

米軍基地が沖縄に偏在しているという事実はまちがいありません。それが地域の負担となっていることも周知の通りです。知念氏も野村氏も、それを「沖縄人」を対等に見ない植民地主義だといいます。沖縄に基地が置かれている現状は地理的・政治的・歴史的な産物です。そして、その歴史全体を支配・被支配、植民・被植民、差別・被差別という立場から読み解こうとするのが、知念氏や野村氏の方法論です。彼らは、基地の押しつけは「日本の民主主義」が、沖縄を差別的に扱った歴史的結果であるから、その民主主義を支える「日本人」すべてに責任がある、と主張します。

けれども、すでに見たように基地問題は、沖縄の経済体質や社会構造の問題とも分かちがたく結びついています。基地縮小がなかなか進まないその責任を、日本政府による失政や「日本人」の差別意識（もちろん、そうした意識が存在するとして）にのみ求めるのは、現実を軽視する議論です。沖縄の補助金依存型経済体質と公務員優位の社会構造にメスを入れないかぎり、基地縮小も進まなければ、基地依存から脱却もできません。

米軍基地の偏在の責任を「日本」あるいは米国という「外部」にのみ求める主張は、沖縄内部の問題や矛盾に対する沖縄自身の責任を放棄するのと同じことです。基地がなくなるだけでは、経済はけっして豊かになりません。社会的な歪みも解消されません。基地がなくなればバラ色の社会が訪れる、という宣伝は県民世論を完全にミスリードしています。

さらに「差別」を歴史的産物とすれば、差別が重層的な性格を備えていることにも注目する必要があります。「日本」による沖縄差別を問うのであれば、沖縄（本島）による奄美・宮古・八重山地方に対する差別と収奪の歴史にも、「落とし前」をつけなければなりません。現在の基地問題に直結しないからといって無視してよいことにはなりません。それとも、薩摩・日本が琉球・沖縄に押しつけた植民地内の差別・収奪だから、やはり「日本人」の責任に帰されるのでしょうか。

いずれにせよ差別は歴史認識の問題ですから、琉球・沖縄の内なる差別を直視することなくして、日本の差別を問うこともできません。差別は重層的です。構造的差別論を突きつめていくと、差別のこうした重層性に対する考察を回避することはできないはずですが、知念氏も野村氏もそのことには触れません。

以上のように考察を進めてくると、構造的沖縄差別論・「日本の植民地主義」批判は、むしろ沖縄内部の問題点や矛盾を覆い隠すための議論に思えてなりません。

構造的差別論を支持する「日本」の識者

「日本」の識者も構造的沖縄差別論に熱いエールを送っています。高橋哲哉東京大学教授（哲学）もその一人です。

「知念（ウシ）　日米安保を求めたのは私たちではありません。私は安保反対ですが、安保がなくなるまで、日本人が基地を引き取って、嫌なら自分でなくしてほしい。

高橋（哲哉）　安保条約も沖縄への基地の集中も、選択したのは日本政府です。日本の有権者の多数がこの状態を容認、支持してきたわけです。だからこの問題は、知念さんが『日本人』と呼ぶ私たち本土の人間の問題です。きょうはそう問われていると受け止めました。

知念　高橋さんも、基地を持って帰ってくださいね。

高橋　それが『日本人』としての責任だと思っています」（朝日新聞　二〇一二年五月一五日付朝刊　対談「復帰と言わないで」）

二人とも、「自分は安保条約には反対だが」と留保しつつ、安保を前提に「米軍基地の本土への持ち帰り」を主張します。本当に安保条約に反対であれば「持ち帰り」ではなく、撤廃を主張するのが筋ではないでしょうか。

かつて基地反対運動は反米運動とイコールで結ばれていましたが、彼らの基地反対の思想は今や安保の存在が前提であり、「日本人」に対しては「構造的差別」というきついことばを使っているものの、直接の安保批判・米国批判は避けています。知念氏の対談相手を務める高橋氏も、日米安保体制に否定的な立場の学者ですが、「基地の持ち帰り」でことが解決するかのように発言しています。「基地の持ち帰り」が解決策の一つであるのはその通りかもしれません。しかし、持ち帰るためのプロセスや日米安保体制について彼らは触れていません。

この対談には続編があります。朝日新聞二〇一三年四月一九日付朝刊「(座談会)十五歳と語る沖縄　知念ウシさん×高橋哲哉さん×奈良・山添中の生徒たち」というタイトル。二人が奈良県の過疎の村・山添村にある山添中学を訪れて、沖縄の基地問題を生徒と討論したという記事です。

中学生たちは鋭い質問を二人に投げかけています。ここではその一部をご紹介します(なお、記事には中学生の実名が入っていますが、本稿では「質問」という表記に変えました)。

「質問　沖縄は独立するのが一番いいと思いますか。

知念　（独立が）一番いいとは思っていません。私が目指しているのは、安全に暮らせて、こんな世の中を作りたいと思ったら沖縄のみんなで議論して決めて実現できる、誰も抑圧しない、されない社会です。その手段として独立はあるかもしれない。でも沖縄が独立して幸せになるには日本も変わらないと。

質問　高橋さんに質問です。対談記事の最後に知念さんから「（本土に）基地を持って帰ってくださいね」と言われて「それが日本人としての責任」と語っています。これが引っかかっていて。何に対しての責任ですか。

高橋　沖縄に米軍基地があれだけ集中して、しかも何十年と続いているのは、基本的に日本人がやってきた結果です。沖縄で戦争したことも、米国が施政権を持ったことも。一九七二年に日本に主権が戻った後も沖縄の基地負担率は上がりました。つまり日本人が選択して、沖縄の人たちに押しつけてきたと僕は考えています。だから日本人として、責任をとらなければいけない。そういう意味です。

質問　問題は沖縄の米軍基地じゃないですか。移設しても、移した先の人たちはまた同じ問題を抱えるから、根本的な解決にならないと思う。基地をなくすにはどうしたらいいのか、どうすれば問題を解決できますか。

知念　解決したい、そのためにどうしたらいいのか知りたい、という気持ちはすごくうれしい。何か特別なことではなく、日常生活の中で、おかしいと思ったことは家族や友だちや周りに話す。それを、みなさんが今いるところで続けていってほしい。考えながら動き、動きながら考える、そういう大人になってほしい」

二人とも中学生の問題提起に正面から答えていません。米軍基地を減らす方法についても「基地を持ち帰れ」というだけで具体的なプランは示されません。米軍基地が本土に移設されたあとの問題についても答えていません。米軍基地の存在が不幸をもたらすというのであれば、本土に不幸を渡すことになります。その点について中学生が鋭くツッコミを入れたのに対して、明確な答えを返していません。高橋氏は、日米安保に反対する自分の立場を丁寧に説明するのではなく、「責任をとらなければいけない」という無責任なことばで結んでいます。知念氏は「自立した大人になりなさい」と語りかけるのみです。

「沖縄独立」の質問についても、知念氏は態度を明確にしませんでした。「構造的差別」を前面に押し出した彼女の基地削減論ですが、「日本」での移設先が見つからないかぎり、事態は動きません。したがって、彼女の論法では、「独立」による沖縄自身の自己決定の道か、日米安保条約破棄以外に基地削減の選択肢はありません。独立を選ばないとすれば、日米安保条約破棄が必要になりますが、自身が「日本国民ではない」と言っている以上、日米安保については「日本人」の判断に任されます。「安保については『日本人』が勝手にやれ。でも基地は持ち帰れ」というロジックです。知念氏の議論を進めていくと最終的な結論は「独立」に至らざるを得ないのに、彼女は独立について明言しません。

基地縮小のための具体的なプランもなし。独立の志もなし。米軍基地削減後の沖縄についての展望もなし。「日本人は基地を持ち帰れ」ということばだけが先走っている「構造的沖縄差別論」。これが実体だとすれば、たんなる心情論・被害者感情論にすぎません。被害者の立場を強調して加害者に「お前が責任を取れ」と求めるだけでは、被害者は被害者に留まり続けます。「被害者の加害者に対する依存」の構造は、いつまでたっても解消されません。

あとがき

二〇〇八年に日本経済新聞の那覇支局を離れて七年近くになります。この間、沖縄を巡る環境で最も変わったことは、沖縄の基地反対派に対する民族団体からの露骨な批判が始まったことです。そして、沖縄でも民族主義的な言動が強まっています。

二〇一三年一月、オスプレイの配備に反対する沖縄全四一市町村の代表と官公労らが東京の銀座でデモ行進しました。数寄屋橋の交差点では、日の丸と星条旗を掲げた団体数百人がデモ隊を迎え撃ち、「日本から出て行け」と罵声を浴びせました。沖縄のデモ隊は「沖縄を差別するな」と応戦しました。互いに罵り合う異様な光景を買い物客らは怪訝そうな顔で見ていました。急進的な本土の民族団体は沖縄を聖域化することをやめ、沖縄でも攻撃を開始しています。

沖縄の言論界では基地問題を差別問題として語る傾向が強まっています。例えば、

「保革を問わず県内首長が日米安保政策に異議を唱えている。背後には『差別するな』『植民地扱いするな』と考える県民がごまんといる。各党、本土住民には、この『公憤』が理解できるだろうか」（琉球新報　二〇一二年一二月四日付）といった主張です。この「公憤」を本土の我々はまずは理解すべきです。この沖縄の声に対して「差別なんかしていない」と反論するよりも、沖縄の基地を現実に減らすべきです。ナショナリズムの対決では問題は解決しません。

彼らが「日本人は沖縄人を差別している」と主張する根拠はただ一点、基地の偏在です。沖縄戦や二七年間の米国支配、さらに琉球処分や薩摩侵攻まで遡って日本の沖縄への差別の根深さを指摘することはよくありますが、それは、基地を押しつけて平気でいる現在の日本人の差別性を補強する文脈で持ち出されます。過去四〇〇年の沖縄差別の延長線上に基地偏在の現状がある、という主張です。問題は基地です。日本と沖縄の歴史に差別はあったと思います。だからこそ、その差別への慰謝料、あるいは損害賠償として一〇兆円の特別な振興予算が自民党、民主党政権を通じて支払われ続け、さらに一〇年延長することが決まりました。それでも「カネではないのだ。差別をやめろ」という思いが反対派の出発点にあるのは間違いありません。

この思いにストレートに答えるべきです。歴史を変えることはできません。今、本土の私たちにできるのは沖縄の基地を減らすことだけです。安全保障をまじめに考えてこなかったことのゆがみが沖縄に集中して起きています。基地の見返りの振興予算の副作用が、格差社会の拡大、地域社会の分断、人間関係の崩壊、貧困の放置、自然破壊として現れています。基地が減りさえすれば何もかもが変わります。東京の横田基地をはじめ、本土にも基地問題は存在していますが、それよりもまず最優先で沖縄の海兵隊基地を減らす方策をこれからも考えていくべきです。基地被害を巡る加害、被害の関係を沖縄vs.本土という属性だけでくくり、「構造的な差別」と断じたところで基地は減りません。

大事なのは被害者沖縄に寄り添うことではありません。沖縄の基地を減らし、見返りの振興策と減税措置をなくすことです。沖縄に基地があることは、膨大な税金を消費するのですから本土にとっては経済的にはマイナスなのです。このことが理解されれば、「沖縄の基地を減らせ」という声は沖縄よりもむしろ本土で強まると思います。

ここで注意していただきたいのは、「なくせ」ではなく「減らせ」だという点です。ともすれば、現在の反基地運動は「米軍基地はすぐにゼロにせよ」という主張が主流のようになっています。しかし、それには副作用もある。だから地元においても対立構造が生じ、膠着状況が続いているという面があります。「なくせ」と「つくれ」の二択では話が進みません。その膠着状況で恩恵を被っている特定の人たちがいます。それはここまでに述べた通りです。

日本政府と基地反対派は敵対しているように見えますが、振興策については同じ方向を向いています。つまり結果的には共犯関係にあるのです。政府と基地反対派が共犯関係にあるというこの視点はなかなか持ちにくいのですが、この共犯者による被害者は納税者だ、つまり自分だということに気がつくと、誰もが沖縄問題の当事者になれます。「沖縄の海兵隊はいらない」という主張が日米の専門家の間でも出ています。沖縄の基地の四分の三を占める海兵隊を減らせば、借地料も減り、振興予算も削減できます。本書で見てきた通り、振興予算は沖縄の地域社会を壊している元凶です。海兵隊基地を減らすことは、沖縄の基地周辺住民の騒音を減らし、事件や事故を減らしたうえ、自立経済に貢献します。国民の税負担も減ります。「減らす」メリットを全国民で共有すれば沖縄の海兵隊を減らすことは可能だと筆者は考えています。

本書ではその具体的な削減プランにまで踏み込むことはできませんでしたが、筆者としては今後もこのテーマについてさらに考えていくつもりです。

よく読んでもらえば理解していただけると思いますが、筆者二人とも「沖縄批判」はしていません。既得権益を守る公務員を中心とした「沖縄の支配階級批判」をしています。民族主義的な沖縄権力への批判がこの本の狙いです。振興予算をやめることこそが基地問題の解決につながる、ということを繰り返し書いています。私がこの本の中で沖縄に向けた批判的な言葉のすべては、結果として膠着状況を長引かせ、基地削減に逆行する沖縄内部の言動に対するものです。

二〇一四年一一月に初当選した翁長雄志知事は、那覇市長時代に「振興策なんかいらない」と言ったことがあります。これを知事としても言い続けることができるかどうか。県民ならずとも注視していくべきでしょう。翁長知事は自民党の沖縄県連幹部として、選挙戦で戦った仲井眞弘多前知事とともに日本政府から振興策を引き出してきた人です。政府に依存してきた過去を振り切り、「振興策はいらないから基地を減らせ」と安倍晋三首相に面と向かって言えるかどうかが、沖縄の将来を決定づけます。

地域社会の分断が起きる根本的な原因は、沖縄に基地を多く置いている日米両政府の安全保障政策です。この基地の偏在がなければ、分断も起きませんでした。この根本の原因を見逃してはいけません。しかし、もう一つ見逃してはいけないのは、「なぜ地元には基地に賛成する人がいるのか」という疑問に対する答えである、地元の人たちの生活への視線です。

私は今、日経新聞の新潟支局で働いています。新潟には東京電力柏崎刈羽原子力発電所があります。新潟は東北電力管内ですが、首都圏の電力需要を支える世界最大の原発を抱え、リスクを負っています。日本の安全保障を支えるために多くの基地を抱える沖縄の構図とよく似ています。迷惑施設を抱える見返りに国から振興資金がもらえる構図も同じです。

迷惑施設を受け入れる理由はどちらも過疎です。辺野古がある地域は仕事が少ないので、子どもたちは地元を出ていってしまいます。辺野古に大きな産業があれば、基地を誘致することなく生活していけます。日本政府も基地を押しつけることができなくなり、地域の分断もなくなります。

沖縄には他県もうらやむ多くの観光資源があります。自立に向けた素材はそろっています。基地が減っても沖縄はやっていけると思います。火山がなく地震も少なく、川が短いので水害による被害もほとんどありません。全国一〇電力で唯一、沖縄電力は原発を持っていません。基地が減り、振興策による自然破壊が止まり、自立する力を蓄えることで格差や貧困が改善されていけば、沖縄の人にとっても「癒しの島」になる可能性はあるだろうと思います。

二〇一四年一二月

大久保　潤

●主な参考文献

【篠原――序章、第三章、第五章、第七～九章】

伊藤秀美『検証「ある神話の背景」』紫峰出版／二〇一二年
大江健三郎『沖縄ノート』岩波新書／一九七〇年
沖縄タイムス社編『鉄の暴風――沖縄戦記』沖縄タイムス社／一九五〇年
川手摂『戦後琉球の公務員制度史――米軍統治下における「日本化」の諸相』東京大学出版会／二〇一二年
紙屋敦之『琉球と日本・中国』山川出版社／二〇〇三年
来間泰男『沖縄経済の幻想と現実』日本経済評論社／一九九八年
来間泰男『沖縄の米軍基地と軍用地料』榕樹書林／二〇一二年
小林よしのり『新・ゴーマニズム宣言SPECIAL　沖縄論』二〇〇五年／小学館
関山直太郎『近世日本の人口構造――徳川時代の人口調査と人口状態に関する研究』（第二版）吉川弘文館／一九六九年
瀬長亀次郎『沖縄からの報告』岩波新書／一九五九年
曾野綾子『ある神話の背景――沖縄・渡嘉敷島の集団自決』文藝春秋／一九七三年
高橋哲哉『犠牲のシステム　福島・沖縄』集英社新書／二〇一二年

田名真之『沖縄近世史の諸相』ひるぎ社／一九九二年
知念ウシ『シランフーナー（知らんふり）の暴力――知念ウシ政治発言集』未来社／二〇一三年
原口泉ほか『鹿児島県の歴史』（第二版）山川出版社／二〇一一年
比嘉春潮ほか『沖縄』岩波新書／一九六三年
宮城栄昌『沖縄の歴史』（改訂版）ＮＨＫ出版／一九八六年
琉球銀行編『戦後沖縄経済史』琉球銀行／一九八四年
那覇市歴史博物館「家譜でひも解く士族の世界」二〇一三年
防衛省「駐留軍等労働者の労務管理に関する検討会報告書」二〇一〇年
全駐留軍労働組合「在日米軍基地の労働と地域　組み込まれた特異な構造」二〇一〇年
内閣府経済社会総合研究所国民経済計算部編「国民経済計算年報」（各年版）
内閣府経済社会総合研究所国民経済計算部編「県民経済計算年報」（各年版）
内閣府沖縄総合事務局「沖縄県経済の概況」（各号）
総務省統計局「消費生活実態調査」（各年版）
総務省統計局「日本の統計」（各年版）
厚生労働省「所得再分配調査」（各年版）
厚生労働省「国民生活基礎調査」（各年版）
厚生労働省「賃金構造基本統計調査」（各年版）

厚生労働省「地域別最低賃金の全国一覧」（各年版）
文部科学省「学校統計要覧」（各年版）
沖縄県「沖縄の米軍及び自衛隊基地」（各年版）
沖縄県議会事務局「米軍基地に関する各種経済波及効果」二〇一〇年
野村総合研究所（沖縄県知事公室基地対策課委託調査）「駐留軍用地跡地利用に伴う経済波及効果等検討調査報告書」二〇〇七年
琉球政府「琉球要覧」（一九五七年版〜一九六七年版）
琉球政府「沖縄要覧」（一九六八年版〜一九七一年版）

（インターネットサイト、ブログなど）
上原正稔公式ホームページ
大江健三郎・岩波書店沖縄戦後裁判支援連絡協議会の記録
キー坊@ウチナー「『ある神話の背景』を追求するブログ」
仲里効「風游〜沖縄の自立解放に連帯する風游サイト！」
ヒジャイ（又吉康隆）「沖縄に内なる民主主義はあるか」
狼魔人（江崎孝）「狼魔人日記」

【大久保――第一章、第二章、第四章、第六章】
大田昌秀『醜い日本人――日本の沖縄意識』サイマル出版会／一九七一年
大田昌秀『こんな沖縄に誰がした　普天間移設問題――最善・最短の解決策』同時代社／二〇一〇年
伊藤嘉昭『沖縄の友への直言――害虫ウリミバエ根絶と沖縄暮らしの体験から』高文研／二〇〇〇年
守屋武昌『「普天間」交渉秘録』新潮社／二〇一〇年
大江健三郎『沖縄ノート』岩波新書／一九七〇年
金城弘征『金門クラブ――もうひとつの沖縄戦後史』ひるぎ社／一九八八年
沖縄県「沖縄の米軍及び自衛隊基地」（各年版）
内閣府沖縄総合事務局「沖縄県経済の概況」（各号）
総務省統計局「消費生活実態調査」（各年版）
厚生労働省「国民生活基礎調査」（各年版）

右に挙げた文献のほか、日本経済新聞、朝日新聞、産経新聞、毎日新聞、沖縄タイムス、琉球新報の過去の記事を参照しました。

大久保潤　1963(昭和38)年生まれ。日本経済新聞社元那覇支局長、現新潟支局長。国際基督教大学教養学部卒業。著書に『幻想の島 沖縄』『司法 経済は問う』(共著)。

篠原 章　1956(昭和31)年生まれ。大学教員を経て評論家。経済学博士(成城大学)。沖縄、経済、音楽分野で活動。共編著『ハイサイ沖縄読本』『沖縄ナンクル読本』等。

Ⓢ新潮新書

601

沖縄《おきなわ》の不都合《ふつごう》な真実《しんじつ》

著　者　大久保《おおくぼ》潤《じゅん》　篠原《しのはら》章《あきら》

2015年1月20日　発行
2015年2月20日　4刷

発行者　佐藤隆信

発行所　株式会社新潮社

〒162-8711　東京都新宿区矢来町71番地
編集部(03)3266-5430　読者係(03)3266-5111
http://www.shinchosha.co.jp

印刷所　錦明印刷株式会社

製本所　錦明印刷株式会社

乱丁・落丁本は、ご面倒ですが
小社読者係宛お送りください。
送料小社負担にてお取替えいたします。

ISBN978-4-10-610601-9　C0231

価格はカバーに表示してあります。

沖縄の不都合な真実

大久保 潤　篠原 章

新潮社

Ⓢ新潮新書

大久保 潤　篠原 章
OKUBO Jun　SHINOHARA Akira

沖縄の不都合な真実

601

新潮社